Kriben Pillay

Radikales Erkennen

KRIBEN PILLAY

Radikales Erkennen

Transformation im täglichen Leben durch »The Work« von Byron Katie

Mit Beiträgen von Byron Katie

Aus dem Englischen von Henriette Meissner und Wolfgang Höhn

Lüchow

Published by
The Noumenon Press
Wandsbeck, South Africa

Die Deutsche Bibliothek – CIP Cataloguing-in-Publication-Data
A catalogue record for this publication is available from
Die Deutsche Bibliothek

1. Auflage 2002

Umschlaggestaltung: Peter Krafft Designagentur
Lektorat: Henning Sabo
Satz: DTP + Printmediengestaltung M. Raufer, Emmendingen
Druck und Bindung: Freiburger Graphische Betriebe
Gedruckt in Deutschland

ISBN 3-363-03008-8

Noumenon-Wegweiser

Ein Wort ist nicht mehr als ein Mittel zum Zweck. Es ist eine Abstraktion. Einem Wegweiser nicht unähnlich deutet es über sich hinaus.

ECKHART TOLLE,
JETZT! DIE KRAFT DER GEGENWART

Für Katie –
deren Präsenz mich umgekehrt hat.

In der Gegenwart einer Person, die kein Problem sieht, verschwindet das Problem. Das zeigt dir, dass es kein Problem gibt. Geh nach innen und erkenne dich.

BYRON KATIE

Inhalt

Vorwort

Radikales Erkennen ist eine kristallklare Interpretation der Stimme einer authentischen Lehrerin. Große Lehren lassen sich selten von ihren Lehrern trennen. Große Lehrer lassen jedoch auf ihren eigenen Reisen Fußspuren zurück. Wir können sie Lehrmethoden nennen. Ein Methode gleicht einer Wäscheleine, auf der die Worte des Lehrers aneinander gereiht hängen. Kriben Pillay, der Autor dieses Buchs, hat eine seltene Fähigkeit, solch herumhängendes Wissen zusammenzufügen. Obwohl die Lehren von Byron Katie im Mittelpunkt dieses Buches stehen, schließt es viele andere Stimmen der Weisheit mit ein. Kriben Pillay hat einen bemerkenswerten Stil, der sehr subtil die diversen Aspekte des Transformationsprozesses in die Reichweite des Uneingeweihten rückt. Dieses Buch vermittelt die Freude der Entdeckung sowie die Beredsamkeit tiefen Wissens.

Professor Debashis Chatterjee,
Autor von *Leading Consciously – A Pilgrimage Toward Self-Mastery*,
Center for Public Leadership
an der Harvard Universität

Einführung

Vor genau einem Jahr habe ich an einem fünftägigen *Master Session Course* mit Byron Katie in Holland teilgenommen, einem Programm, das speziell für Business-Trainer bestimmt ist. Seither hat sich mein Leben verändert.

Einen Monat nach Abschluss dieses Kurses erhielt ich ein Schreiben von einem der Assistenten Katies mit der Bitte, meinem damaligen Angebot an Katie nachzukommen und ihr kleines kostenloses Handbuch *The Work of Byron Katie* für die Geschäftswelt zu bearbeiten. Das schien eine ziemlich einfache Aufgabe zu sein, aber irgendwie wollte der mir vorschwebende Text einfach nicht zustande kommen. Inzwischen ist mir klar, dass es dafür notwendig war, zuerst einmal *The Work* in mir reifen zu lassen und weiter zu forschen, um diesem Buch so seine jetzige Form geben zu können.

Zu den ständigen Wirkungen von *The Work* gehört es, ein Leben der Synchronizität zu führen, in dem die Dinge – wenn es erforderlich ist – auf wunderbare Weise und mit einem großartigen Gefühl von Leichtigkeit zusammenfinden.

So war es bei der Vorbereitung zum Schreiben von *Radikales Erkennen.* Businessbücher mit ähnlichen Themen begannen zu erscheinen und Katies eigenes Buch *Jeder*

Krieg gehört aufs Papier wurde mir zur Beurteilung zugesandt. In der Tat habe ich dieses Buch nicht geschrieben – es wurde für mich geschrieben.

Doch mehr zu diesem kleinen Buch: Es ist gedacht als einfacher Führer zu persönlicher und organisatorischer Transformation im Kontext von *The Work*. Es besteht aus zwei Teilen, die jeweils einem spezifischen Zweck dienen.

Teil I beschäftigt sich ganz allgemein mit einigen der radikalen Einsichten in das, was persönliche und organisatorische Transformation in Wirklichkeit sind und wie sie sich bewerkstelligen lassen. Statt diese Einsichten durch ausführliche Erklärungen zu wiederholen, werden sie hier einfach als Rahmen vorgestellt, um die Bedeutung von *The Work* verständlich zu machen. Die Leser werden ermutigt, sich direkt mit den Originaltexten zu befassen, um weitere Klarheit über die theoretischen Grundlagen zu gewinnen. Vielleicht sollte ich an dieser Stelle unterstreichen, dass dieses Buch letzten Endes nicht von theoretischen Konzepten handelt, obwohl diese durchaus als Hinweise erwähnt werden. Es handelt vielmehr von einem praktisch durchführbaren Verfahren, das Individuen und Organisationen bis an die Stelle führt, an der durch Erfahrung greifbar gemacht wird, was ein Großteil der neuen Theorien ausführt.

Teil II bringt Auszüge aus Byron Katies Handbuch *Jeder Krieg gehört aufs Papier*. Diese Texte werden hier angeführt, weil sie die grundlegenden Prinzipien und Methoden so klar darlegen, dass die Leser sie sofort anwenden können. Denjenigen Lesern, die ernsthaft an *The Work* interessiert sind, sei jedoch nachdrücklich empfohlen, mit dem gesamten Text dieses Handbuchs zu arbeiten, um den größtmöglichen Nutzen zu erzielen.

Es ist zu hoffen, dass die beiden Teile dieses Buchs synergistisch zusammenwirken, damit die Leser zu authentischer Selbstentdeckung geführt werden. Es gehört zur Schönheit von *The Work*, dass man dazu keinerlei Vorwissen in irgendwelchen Disziplinen braucht – seien es nun Psychologie oder Spiritualität oder betriebliche Studien. Das Einzige, was dazu erforderlich ist, ist der Wunsch, frei von Konflikten zu leben. Und diese Freiheit ist der Anfang von echter Klarheit, Effizienz und Verantwortung. In Wirklichkeit ist das Wort »Transformation« nicht ganz zutreffend, weil es eine Umwandlung von einem Zustand in einen anderen beinhaltet. Aber bei dieser Arbeit – dem Aufblühen unserer integralen Intelligenz – erkennen wir, dass das, womit wir tatsächlich beschäftigt sind, eine »Auflösung« ist. Deshalb wird *The Work* auch *The Great Undoing* – »Die Große Auflösung« – genannt. Es ist ein Abwerfen unserer begrifflichen Welt, die unser angeborenes ursprüngliches Gewahrsein maskiert, ein Gewahrsein, welches das Fundament für klares Denken und klares Handeln bildet.

Kriben Pillay
Durban, Südafrika
August 2000

TEIL I

The Work

Kurzfristige Veränderung oder echte Transformation?

Heutzutage sind viele Bücher, Seminare und Trainingsprogramme über Veränderung in Organisationen auf dem Markt. Viele vermitteln scharfsinnige Einsichten über die Unzulänglichkeiten moderner Modelle für menschliches und organisatorisches Verhalten, aber wenn wir einen umfassenden Blick auf das allgemeine Thema werfen, fällt uns ein konstantes Anliegen auf: Wie verändern wir uns so, dass wir in einer sich ständig wandelnden Welt über Klarheit, Kreativität und Effizienz verfügen? Wie verändern wir uns in einer Welt, in der die alten philosophischen und wissenschaftlichen Paradigmen mit ihren absoluten Konstanten begrifflich nicht länger gültig sind; absolute Werte, die uns weitgehend vorgeschrieben hatten, wie wir über Gott, Identität, Geschlecht, Rasse, Kultur, Ethik und so weiter zu denken hätten. Wie können wir uns selbst und unsere Organisationen grundlegend umwandeln, auf eine Weise, die diesen neuen Erkenntnissen Rechnung trägt?

Zu den Nebenprodukten der Einsichten in das moderne Paradigma des menschlichen Potenzials gehört ein breites Spektrum von Motivationsprogrammen – entwickelt von charismatischen Rednern und Seminarleitern, die eine Vielzahl von Techniken einsetzen. Dadurch werden bei ihren Seminarteilnehmern Bewusstseinsveränderungen ausgelöst, sodass gewohnheitsmäßige Denk- und Empfindungsmuster vorübergehend verworfen werden und jenes neue Potenzial erfahrbar wird. Diese Erfahrungen werden – durch ihre Ungewöhnlichkeit und die Methoden ihrer Vermarktung – oft mit der Möglichkeit radikaler Veränderung gleichgesetzt, welche zu besseren Beziehungen und zu erhöhter Kreativität und Produktivität führen soll. Deshalb ist es nicht überraschend, dass die weltweiten Ausgaben von Individuen und Organisationen für solche Kurse astronomische Summen erreichen. Das hängt zum Teil zusammen mit den Tricks und Gerüchten um die relativen Veränderungen, die dabei erfahren werden sollen, zum Teil aber auch damit, dass dadurch das Bedürfnis nach weiteren Kursen mit noch großartigeren Versprechungen entsteht, weil die anfänglichen Veränderungen nicht von Dauer sind. Wie bei den entsprechenden Angeboten auf dem Markt der New-Age-Spiritualität hat das zur Suche nach dem optimalen Kurs geführt, nach dem Seminar, das es »wirklich bringt«, jenes, das die fundamentale Veränderung, die in den vorübergehenden Verschiebungen intuitiv geahnt wird, tatsächlich bewirkt.

Der Psychologe Daniel Goleman machte bei seiner Analyse des Experimentierens mit Veränderung folgende Beobachtung: »Sehr oft besteht der einzige Effekt eines Trainings, unabhängig von seinem Zweck, darin, dass die Leute einen kurzfristigen Energieschub erhalten, der nicht länger als ein paar Tage oder Wochen anhält; danach fallen die Teilnehmer in ihre gewohnten Verhaltensmuster vor der Teilnahme an dem betreffenden Training zurück. Der allgemeinste Effekt von Trainingsseminaren, unabhängig von ihrem vorgeblichen Inhalt, besteht darin, dass sie – zumindest für eine kurze Zeit – das Selbstvertrauen der Teilnehmer stärken. (1)

Goleman weist darauf hin, dass echte Transformation mit der Ausbildung emotionaler Kompetenz (2) beginnt, die zu einer besser abgerundeten und verwurzelten Entwicklung des Individuums führen würde. Emotionale Kompetenz ist zu einem Schlagwort geworden und wird als das »Missing Link« betrachtet, das Individuen und deshalb auch Organisationen zur vollen Entfaltung ihres Potenzials bringt. Und während heutzutage viele Trainingsprogramme die emotionale Kompetenz berücksichtigen, kann man die Zahl der Bücher, die tatsächlich das Kernproblem der Transformation (3) aufgreifen, an einer Hand abzählen – nämlich dass wir uns, unsere Organisationen und unsere Gesellschaften eben nicht grundlegend verändern können, wenn wir weiterhin irrige Ansichten über den haben, für den wir uns halten. Unsere gewöhnliche Wahrnehmung sagt uns zum Beispiel, dass wir getrennte, isolierte Entitäten sind, verwickelt in einen endlosen Streit mit anderen getrennten, isolierten Entitäten. Diese Auffassung macht Konflikt zu etwas Unvermeidlichem. Doch wenn diese Auffassung nicht richtig sein sollte – wie ändern wir sie dann?

In diesem Buch gehe ich davon aus, dass *The Work* von Byron Katie jenes »Missing Link« sein könnte. Dies deshalb, weil seine Verfahren zu emotionaler Kompetenz führen und seine transformierende Kraft darin besteht, dass es die Art und Weise verändert, wie wir uns in der Welt sehen und erfahren.

Bevor wir jedoch betrachten, wie *The Work* funktioniert, wollen wir sehen, was führende Köpfe des neuen Paradigmas über die Natur unserer Organisationen und unserer Persönlichkeit zu sagen haben.

The Work und gegenwärtige Ansichten über Transformation am Arbeitsplatz

In ihrem Buch *Rewiring the Corporate Brain* beschreibt die Physikerin Danah Zohar Transformation in einer Weise, die wirklich als Aufruf zu einer neuen Psychologie der Veränderung in Unternehmen verstanden werden kann: »Die meisten Transformationsprogramme begnügen sich damit, dieselben alten Möbel in demselben alten Raum hin und her zu schieben. Manche versuchen, ein paar alte Möbelstücke wegzuwerfen. Aber wahre Transformation verlangt, dass wir den Raum selbst ganz neu gestalten und vielleicht sogar in die Luft sprengen. Sie verlangt, dass wir das Denken hinter unserem Denken ändern – dass wir buchstäblich lernen, die Gehirne unserer Unternehmen neu zu vernetzen.« (4)

Um dieses Ziel praktisch zu verwirklichen, so argumentiert Zohar in überzeugender Weise, setzt Transformation die Erkenntnis voraus, dass es letztlich kein getrenntes Selbst gibt, sondern eine gegenseitige Verbundenheit, die von einer tieferen Quelle der Nicht-Trennung herrührt. Wenn wir aus dieser Perspektive heraus leben, so bedeutet eben dies für Zohar, unser Leben zu transformieren. Insbesondere geht es in *Rewiring the Corporate Brain* darum, auf radikal andere Weise zu arbeiten und Konfusion und Antagonismus durch Klarheit und Kooperation zu ersetzen.

Für Zohar gilt der »Dialog« des bekannten Physikers David Bohm als eine Methode, mit der sich diese Transformation bewirken lässt. Bohm war stark beeinflusst von den Dialogen, die er über viele Jahre mit dem berühmten spirituellen Lehrer Jiddu Krishnamurti führte; sein dialogisches Verfahren ist eine Methode, das Denken auf eine Weise zu untersuchen, in der das getrennte Selbst seine eingewurzelten Positionen erkennen und transzendieren kann. In ihrem früheren Buch *The Quantum Society* schreibt Zohar: »Bohms dialogischer Prozess selbst fordert die Teilnehmer auf, dieselben zwei Stadien von Dekonstruktion und Neusynthese zu durchlaufen, die auch das Gehirn (das limbische System) benutzt ... Im Dialog wird das Stadium der Dekonstruktion beschrieben als ›Loslassen‹ oder als ›Aufhebung‹ des eigenen Standpunktes als des einzigen Standpunktes ... Während dieses Dialogstadiums wird der eigene Standpunkt zusammen mit den Standpunkten der anderen Gesprächsteilnehmer der Analyse zugänglich.« (5)

Dieses Verfahren erlaubt es, Probleme in einer umfassenderen Perspektive zu sehen und so verschiedene Formen von Konflikten aufzulösen. Konflikte, die dadurch entstehen, dass wir dem anderen nicht zuhören, und dadurch, dass wir von unseren verborgenen, selbstsüchtigen Motiven angetrieben werden, anstatt diese dem Licht des Selbst-Gewahrseins auszusetzen, wo – in dem Aufruf des Dialogs zu echter Kommunikation – Schranken einstürzen und wir in echte Gemeinschaft eintreten. Es ist wirklich ein Prozess des Gewahrwerdens, des Lebens aus Gewahrsein statt eines Lebens aus dem Denken heraus. Wir könnten auch sagen, es ist Leben ohne die Identitäten, die der menschliche Geist für uns konstruiert; ein Leben, das uns in eine radikal neue Beziehung zu allem Leben setzt; ein Leben, in dem es, wie Zohar aufzeigt, eher um das Entdecken als um das Wissen geht. Anders gesagt, es kommt darauf an, in einem kreativen Zustand des Nichtwissens zu leben; in einem integralen Zustand der Intelligenz, in dem der menschliche Geist benutzt wird, ohne unser Leben mit seinem inhärenten Gefühl des Getrenntseins zu dominieren.

Die Schwierigkeit bei Bohms Methode besteht darin, dass die Leute sich sehr oft so fest hinter ihren Standpunkten verschanzt haben, dass sie sich nicht vorstellen können, sie zu verschieben, solange sie sich nicht bewusst auf eine solche Übung eingelassen haben. Dafür gibt es einen einfachen Grund: Wir glauben, wir seien gänzlich unsere Gedanken. Wir haben uns in der Tat eine Identität zugelegt, die der menschliche Geist für uns geschaffen hat; und weil sich diese Identität so real anfühlt, ziehen wir nur allzu oft – um sie zu beschützen – in einen Krieg, in großem wie in kleinem Maßstab.

An diesem Punkt erweist sich *The Work* von Byron Katie als ein zugänglicheres Mittel, um diese fundamentale Transformation zu bewirken. Mit seinen vier Fragen und der Umkehrung besteht die Wirksamkeit dieses Verfahrens darin, dass der Geist – wie beim Bohmschen Dialog – abrupt zum Stehen gebracht wird. Aber im Unterschied zur unstrukturierten Form von Bohms Gruppendialog ist *The Work* strukturiert, um der Funktionsweise des individuellen Geistes gerecht zu werden. Diejenigen, die das Dialogverfahren benutzen, um Zohars so genannte »Quanten-Intelligenz« zu bewirken, könnten durchaus feststellen, dass *The Work* nicht nur ein natürliches, ergänzendes Verfahren für den Dialog ist, sondern bei der Aufgabe, Klarheit in Organisationen zu bringen und beim Umgang mit interpersonalen Problemen das wirkungsvollere Verfahren darstellt.

Die vier Fragen lauten:

1. *Ist es wirklich wahr?*
2. *Kann ich wirklich wissen, dass das wahr ist?*
3. *Wie reagiere ich, wenn ich an diesem Gedanken (dieser Story, dieser Idee, diesem Konzept, diesem Gedanken) hafte?*
4. *Wer oder wie wäre ich ohne diesen Gedanken?*

Die *Umkehrung* ist einfach ein Umdrehen der anfänglichen Aussage der Untersuchung; zum Beispiel: »Jane ist inkompetent« wird zu »Ich bin inkompetent«. Denn werde ich nicht inkompetent, wenn ich ständig denke, dass irgendeine andere Person inkompetent ist? Eine andere mögliche Form der Umkehrung wäre: »Jane ist nicht inkompetent«. Denn Jane könnte Fähigkeiten besitzen, die ich übersehen habe, bei denen mich eventuell gerade das Etikett »inkompetent« daran hindert, sie zu sehen. Die Umkehrungen werden klarer im Verlauf der Untersuchung *Garys inkompetenter Mitarbeiter* weiter hinten in diesem Buch.

Aber lassen Sie uns genauer betrachten, wie dieses Verfahren tatsächlich unser Denken dekonstruiert und wie die Neusynthese bewerkstelligt wird.

Wie *The Work* funktioniert

- *Urteile über deinen Nächsten.*
- *Schreibe es auf.*
- *Stelle vier Fragen.*
- *Kehre die Urteile um.* Byron Katie

Michael Katz schrieb in einem Artikel auf der Website von *The Work*: »*The Work* von Byron Katie enthüllt eine fundamentale Konfusion im Zentrum der so genannten geistigen Gesundheit. Die meisten Menschen sind von dieser Konfusion schon so lange befallen, dass sie das dadurch verursachte Leiden als selbstverständlich betrachten. Diese Konfusion hat nichts zu tun mit dem Inhalt unserer Gedanken und Überzeugungen, sondern vielmehr mit der Art und Weise, wie wir uns auf sie beziehen. *The Work* von Byron Katie klärt diese Konfusion auf so fundamentale Weise, dass man zögert, es als psychologisch zu bezeichnen, und auch auf so praktische Weise, dass man zögert, es als spirituell zu bezeichnen. *The Work* ist einfach und radikal. Es ist ein neuer Weg der Selbstfindung und des Erwachens, der nicht von irgendwelchen Lehren und Überzeugungen abhängt. Es führt zu einem zutiefst gesunden und fröhlichen Geisteszustand.« (6)

Katz weist hier auf die besondere Art und Weise hin, wie diese Untersuchung unsere gewohnheitsmäßigen Verhaltensmuster dekonstruiert; denn gewöhnlich schreiben wir die Quelle unseres Leidens und unserer Probleme jemandem oder etwas anderem außerhalb von uns selbst zu. In einem ungeprüften Bewusstsein scheint es ein »Ich« zu geben, das vom Rest der Welt abgetrennt ist, und alles

Leiden scheint daraus zu resultieren, dass die Welt in negativer Weise auf dieses »Ich« einwirkt. Aber ebenso wie die Quantenphysik zeigt, dass alle Materie im Grunde eine undifferenzierte Form von Energie ist, die sich auf rätselhafte Weise sowohl in Form von Partikeln (ein scheinbar »fester« Zustand) als auch in Form von Wellen (ein scheinbar »flüssiger« Zustand) manifestiert, so scheint auch das Selbst sowohl fixiert als auch im Fluss zu sein. Jedoch neigen menschliche Wesen dazu, sich fast total mit dem Gefühl zu identifizieren, eine feste Entität zu sein, die durch die äußere Welt, durch das »Andere«, beeinflusst wird. Aber all dies ist lediglich ein Gebilde der Wahrnehmung, sowohl in psychologischer als auch in biologischer Hinsicht.

Katz schreibt dazu: »In Wirklichkeit zeigt *The Work* auch eine bemerkenswerte Übereinstimmung mit der neuen Biologie des menschlichen Geistes. Während die führenden Neurobiologen einer Theorie des Bewusstseins immer näher kommen, haben sie zu entdecken begonnen, wie unzuverlässig das ist, was sie den ›Interpreten‹ nennen, jenen Teil des Gehirns, der die vertraute Geschichte erzeugt, die uns unser Gefühl für das Selbst gibt.« (6) In den Worten von Antonio Damasio, einem anerkannten Neurologen an der University of Iowa: »Vielleicht die wichtigste Entdeckung ist genau diese, dass die linke Gehirnhälfte des Menschen dazu neigt, verbale Geschichten zu erfinden, die nicht unbedingt mit der Wahrheit übereinstimmen.« (7a) Oder betrachten Sie die folgende Feststellung von Michael Gazzaniga, einem führenden Neurowissenschaftler am Dartmouth College: »Das linke Gehirn spinnt seine Geschichte, um sich und dich davon zu überzeugen, dass es alles unter Kontrolle hat ... Was haben wir davon, in der linken Gehirnhälfte so etwas wie einen Imageberater zu haben? Der Interpret versucht wirklich, unsere persönliche Geschichte zusammenzuhalten. Um das zu tun, müssen wir lernen, uns selbst zu belügen.« (7b)

So sagt mir meine gewöhnliche Wahrnehmung, dass meine Probleme und mein Leiden durch jemanden oder durch etwas außerhalb von mir selbst verursacht werden. In körperlicher Hinsicht ist das in gewisser Weise auch so und durchaus normal; aber das Leiden, von dem wir hier reden, wird nicht durch den eigentlichen körperlichen Schmerz verursacht; es ist vielmehr die psychologische Reaktion auf diesen Schmerz, nämlich der Versuch seiner Abwehr, der das seelische Leiden erzeugt. Um dieses Leiden zu lindern, haben sich die Menschen historisch gesehen darauf fixiert, etwas gegen den anderen zu unternehmen, zum Beispiel durch Kriege, isolierende Überzeugungen, Klatsch oder irgendeine Form von Therapie, die uns Strategien vermittelt, wie wir uns dem Einfluss des anderen entziehen. All dies dient dazu, den anderen in Schach zu halten, ohne zu untersuchen, ob der andere tatsächlich existiert – außerhalb der eigenen Wahrnehmung, außerhalb der eigenen Geschichte über den anderen.

Ganz gleich, welche Geschichte da bei mir abläuft, die vier Fragen und die Umkehrung entfalten allmählich die Meta-Wahrnehmung (die Wahrnehmung über die Wahrnehmung), dass alles, was mein Leiden verursacht – eine Person, Situation oder Sache – der Gedanke ist, den ich mir darüber mache. Wenn ich sage: »Jane ist arrogant«, erfahre ich in jenem Moment meine eigene Arroganz, unabhängig davon, was Jane sein könnte oder nicht. Kann ich jemals Jane wirklich kennen, selbst wenn sie meine Wahrnehmung bestätigen sollte, dass sie arrogant ist? Schließlich könnte sie vielleicht lügen oder verwirrt sein. In einem ähnlichen Zusammenhang schreibt der australische Radiojournalist Ingram Smith bei seinen Untersuchungen des Denkens über diese befreiende Einsicht: »Die deutlichste Wahrnehmung der Selbsttäuschung kam für mich wohl ganz plötzlich. Da war sie auf einmal, als ob ein Ball in meine Hand gefallen wäre. Die Trennung war verschwunden. Er ist mein Feind, da draußen. Aber nein! Ich bin der Feind. In mir ist das Fühlen, das Erfahren. In diesem meinem Körper und Geist wird die Aggression gefühlt. Auch wenn ich weiß, dass er der Krieg Führende ist, bin ich doch der Erfahrende. Der Feind ist in meinem Geist.« (8)

The Work dekonstruiert auf diese Weise die Geschichte, an die ich mich halte und die normalerweise durch andere Geschichten, die ich zu einer Person oder Situation erfinde, genährt und erweitert wird. Und zwar, indem es den menschlichen Geist zu der Erkenntnis bringt, dass alles, was zur Entstehung von Leiden führt, die Gedanken sind, die unsere angeborene Klarheit und Ruhe blockieren. Die Neusynthese kommt in der Umkehrung zustande, indem man sieht, dass der andere einfach ein Spiegelbild, eine Projektion meines eigenen Denkens ist. Die Rolle der Projektionen bei selbst erzeugtem Leiden gerät in der Psychologie in zunehmendem Maße ins Blickfeld. Bei *The Work* wird dies mit Eleganz verdeutlicht; und wir werden das in der folgenden Mitschrift einer tatsächlichen Untersuchung sehen.

Bei *The Work* geht es nicht um theoretisches Verständnis. Es geht darum, die Ursachen der eigenen Probleme, des Stresses und des Leidens direkt zu erkennen. Es geht auch nicht darum, unseren Kummer mit motivierenden Gesprächen zu maskieren – das würde auf lange Sicht nur zu weiterem Stress führen, weil dabei die eigentliche Wurzel unserer Probleme ignoriert würde. Diese Wurzel ist unser Denken sowie die Geschichten, auf die wir uns fixiert haben. Im Gegensatz zu verschiedenen spirituellen Systemen, die auf das vollständige Erliegen des Denkens abzielen (was zu einer weiteren Form von Stress führen würde), erfordert *The Work* lediglich, dass wir jene Gedanken betrachten, die unser Unbehagen verursachen. Wie Byron Katie sagt: »Wenn die Geschichte dir nützt, dann behalte sie.«

Das wichtigste Element bei dieser Methode ist das Aufschreiben des Problems, weil – wie Byron Katie immer wieder betont – der Geist in seiner Bewegung zu schnell ist, um alle Nuancen der besonderen Geschichte zu erfassen, die den Kummer verursacht. Indem wir in kindlicher Einfachheit über den anderen schreiben, bringen wir all unsere wahrgenommenen Verletzungen und unseren Groll zu Papier, und der solide Augenschein des Geschriebenen macht es umso leichter, Dekonstruktion und Neusynthese in Gang zu setzen. Byron Katie behauptet, dass die Untersuchung letztlich im Inneren des Individuums so lebendig ist, dass das Schreiben überflüssig wird. Wir könnten sagen, dass die Untersuchung dann zu integriertem Selbst-Gewahrsein führt, bei dem es zu einer radikalen Verschiebung kommt, hin zu einer inneren, nicht vom Denken dominierten Beobachtung. »Dort gibt es kein psychologisches Selbst in Opposition zur Welt und deshalb keinen inneren Konflikt mehr.« (9) Dieser Zustand ist der Kern der spirituellen Traditionen der Welt, aber in der praktischen Anwendung bei *The Work* besteht kein Bedarf, von »spirituell« oder »psychologisch« zu reden – es bedeutet einfach, sich mit dem zu befassen, *was ist*. »Ich leide« *ist* das *Was-ist*. Das Ende des Leidens ist das, *was ist* – Etiketten sind da wirklich überflüssig. Mit dieser Einfachheit, die seine Stärke ausmacht, eignet sich *The Work* in jeder Art von Kontext, in dem Klarheit benötigt wird, als Werkzeug der Transformation – auf der Ebene von Personen wie von Organisationen.

The Work in der Praxis

Weil *The Work* kein Glaubenssystem sondern ein einfaches, praktisches Verfahren ist, passt es in idealer Weise für alle Situationen innerhalb einer Organisation, in denen Transformation notwendig ist. Vorausgesetzt natürlich, wir begreifen, dass Transformation hier definiert wird als ein Vorgang, bei dem es um das Abwerfen unserer Geschichten – die uns am klaren Sehen hindern – geht. Bei dieser Transformation geht es nicht darum, etwas in eine Vorstellung, wie die Dinge sein sollten – und zwar weder in meine noch in die eines anderen (in eine andere Geschichte) – umzuwandeln. Es geht hier viel eher darum, sich in eine Offenheit umzuwandeln, die mit der Welt kooperiert, anstatt gegen sie Widerstand zu leisten. In ihrem Buch bringt Zohar ein Diagramm (10), in dem die unterschiedlichen Ergebnisse von Dialog und Debatte (unsere traditionelle Art und Weise der Zusammenarbeit) aufgelistet sind. Diese Ergebnisse lassen sich auf die Ergebnisse von *The Work* im Rahmen von Organisationen anwenden. Ich habe dieses Diagramm weiter unten leicht modifiziert dargelegt, indem ich das Wort »Untersuchung« als Synonym für »Dialog« eingefügt habe.

Debatte kontra Dialog (Untersuchung) (10)

Debatte	**Dialog**
Wissen	Entdecken
Antworten	Fragen
gewinnen oder verlieren	teilen
Ungleichheit	Gleichheit
Macht	Respekt oder Verehrung
einen Punkt beweisen, eine Position verteidigen	zuhören, neue Möglichkeiten erkunden

Anmerkung: Dialog (Untersuchung) hat nicht unbedingt zum Ziel, einen Konsens zu erreichen.

Um die Gültigkeit und den Wert dieses Diagramms zu begreifen, ist es am besten, *The Work* in der Praxis kennen zu lernen.

Garys inkompetenter Mitarbeiter (11)

Byron Katie (BK): Ja, Liebling, lass uns zu dem vordringen, was dein schönes »Selbst« ist.

Gary: Ich habe mir einige deiner Bänder angehört und möchte eine Frage stellen. Manchmal sagst du: »Wenn du dich absichtlich in Schrecken versetzen möchtest, dann mache Pläne.« Ich mache viel Projektmanagement. Ein Teil dessen, womit ich meinen Lebensunterhalt verdiene, besteht darin, Pläne zu machen und dann dabei zu helfen, sie umzusetzen. Ich glaube, du meinst damit, dass es Zeit ist, The Work zu machen, wenn mein Verhaftetsein mit meinem Plan mir Angst und Stress verursacht. Es geht nicht darum, dass ich nicht planen sollte.

BK: Genau so. Wenn dein Plan dir keinen Stress verursacht, dann haftest du nicht an dem künftigen Ergebnis. Das ist viel effizienter.

Gary: Für mich funktioniert es.

BK: Also, lass uns anfangen.

Gary: Es geht hier darum, dass ich Menschen führe und Projekte leite. Manchmal arbeiten Leute für mich, die … na ja, ich teile sie für mich je nach ihrer Kompetenz in die Kategorien »A«, »B« und »alle anderen« ein. Ich neige dazu, »allen anderen« gegenüber ungeduldig und frustriert zu reagieren. Ich ärgere mich nicht über sie, wenn sie nicht für mich arbeiten. Dann sind sie einfach, wie sie sind. Wenn sie aber für mich arbeiten, dann bin ich an meinem Ergebnis interessiert.

BK: Wen oder was magst du nicht?

Gary: Ich mag Joe nicht, weil er inkompetent ist, wenn er für mich arbeitet.

BK: O.K., fangen wir an. Alle anderen, schaut nach, ob das auch euer Thema ist. Es könnte jemand sein, mit dem ihr arbeitet. Es könnten eure Kinder zu Hause sein, die das Geschirr nicht sauber genug gespült oder die Zahnpasta an der Zahnbürste gelassen haben. Findet euer eigenes Symbol, wenn ihr denkt, dass es euch etwas nützt.

»Joe sollte kompetent sein.« Ist das wahr?

Gary: Ich glaube schon.

BK: Kannst du wirklich wissen, dass das wahr ist? Wer hat dir das je gesagt? In seinem Lebenslauf stand »kompetent«. In seinen Referenzschreiben stand »kompetent«. Es steht überall. Du stellst ihn ein, und er sollte kompetent sein. Und wie sieht deiner Erfahrung nach die Realität aus? Ist er es?

Gary: Meiner Erfahrung nach ist er es nicht.

BK: Das ist das einzige, wovon wir ausgehen können: die Realität. Ist es wahr, dass er »kompetent sein sollte«? Was ist die Realität? Es ist das, was wahr ist. Wenn du eine Wasserwaage nimmst und sie auf den Tisch legst, dann bewegt sich das Bläschen nach einer Seite hin, wenn es nicht wahr ist, dass der Tisch eben ist. Die Wirklichkeit ist, dass es sich nach einer Seite bewegt. – »Er sollte kompetent sein.« Ist das wahr? Nein. Er ist es nicht. Das ist alles.

Also, wir können das immer wieder wiederholen, bis wir diese Sache mit dem »Ist es wahr?« verstehen. Denn wenn du das verstehst, dann wirst du zum Liebhaber der Realität und bewegst dich ins Gegenwärtigsein. »Er sollte kompetent sein.« Wo ist dein Beweis dafür, dass das wahr ist?

Gary: Wenn wir in meiner Firma jemanden einstellen, versuchen wir Leute einzustellen, die sehr kompetent sind, weil unsere Arbeit sehr anspruchsvoll ist.

BK: Deine Firma stellt kompetente Leute ein. Das bedeutet, dass Joe kompetent ist. Ist das wahr?

Gary: Nein. Er ist nicht kompetent. Das ist ja das Problem.

BK: Es gibt also keinen Beweis dafür, dass »er kompetent sein sollte« – deiner Erfahrung nach nicht. Deine Erfahrung sagt dir, dass er nicht kompetent ist. Deiner Ansicht nach hat deine Firma einen inkompetenten Mitarbeiter eingestellt.

Gary: Richtig. Er ist nicht kompetent.

BK: Ja. Wie fühlt es sich an, wenn du an der Lüge festhältst, dass »er kompetent sein sollte« und es deiner Erfahrung nach nicht ist?

Gary: Als er dann schließlich zu mir kam, war das Problem mit ihm schon hinlänglich bekannt. Ich wusste, dass er nicht sehr kompetent war, als er meinem Projekt zugeteilt wurde. Und das ist auch der Punkt, über den ich nicht hinwegkomme. Denn ich verstehe, was du sagst, aber das löst das Problem einfach nicht. Da ist er. Ob kompetent oder nicht, er gehört zu meinem Team.

BK: Du hast dich gerade von der Untersuchung wegbewegt, Gary, und bist in die Geschichte hineingegangen: Da ist er. Er ist nicht kompetent. Wie fühlt es sich an, wenn du an der Lüge festhältst, dass du möchtest, dass er kompetent ist und er ist es nicht?

Gary: Es ist frustrierend und macht mir Angst. Ich fühle mich, als ob ich seine Arbeit mittragen müsste. Ich muss jedes Mal hinter ihm aufräumen. Ich kann ihn seine Arbeit nicht allein machen lassen.

BK: Kannst du einen Grund sehen, den Gedanken, »er sollte kompetent sein«, loszulassen?

Gary: Ich würde mich besser fühlen, wenn ich ihn loslassen könnte.

BK: Das ist ein sehr guter Grund, Gary. Gute Arbeit! Kannst du einen Grund sehen, der keinen Stress verursacht, einen Gedanken aufrechtzuerhalten, welcher der Realität widerspricht?

Gary: Ja. Also, ich verstehe nicht, was du damit meinst: »der Realität widerspricht«.

BK: Die Realität ist, dass er nicht kompetent ist. Du sagst, er sollte es sein. Diese Theorie funktioniert nicht für dich. Ich höre dich sagen, dass es bei dir Frustration und Angst hervorruft.

Gary: Richtig. Wenn ich den Gedanken nicht aufrechterhalten würde … [Pause] *Gut, ich glaube, ich kann das auseinander halten. Realität ist, dass er einfach nicht kompetent ist. Was mich verrückt macht, ist, dass ich denke, dass er es sein sollte, anstatt es einfach zu akzeptieren.*

BK: Du hast es verstanden.

Gary: Bingo. Paradiesisch … [sehr langes Schweigen]

BK: Ich liebe es, schweigend mit dir dazusitzen, Engel … [Pause]

Gary: Ich habe schon vorher versucht, The Work über diese Sache alleine zu machen, und konnte das einfach nicht auseinander nehmen. Jetzt kann ich es sehen.

BK: Du verstehst jetzt wirklich, worum es geht, Gary. Du lernst den Unterschied zwischen Realität und Märchenwelt.

Gary: Realität ist »was ist«.

BK: Ja. Die Realität ist viel freundlicher als die Phantasiegebilde. Du kannst zu Hause viel Spaß haben mit dieser »Beweis für die Wahrheit«-Sache. »Er sollte kompetent sein«. Wo ist dein Beweis dafür? Mach eine Liste und sieh, ob irgendetwas davon wirklich beweist, dass »er kompetent sein sollte«. Alles ist eine Lüge. Es gibt keinen Beweis. Die Wahrheit ist, dass er nicht kompetent sein sollte. Er ist es einfach nicht. Nicht kompetent für diese Arbeit.

Gary: Tatsache ist, dass er nicht kompetent ist, und ich alles tue, was ich tun muss, um dafür geradezustehen. Ich brauche mir allerdings nicht diese zusätzliche Last »Er sollte blablabla sein …« aufzuladen.

BK: Das hast du sehr gut in Worte gefasst.

Gary: Ich denke, es würde mir helfen, wenn ich es noch einmal sagen würde. All meine Angst bei der Arbeit drehte sich um mein Denken, »dass Joe kompetent sein sollte«. Die Wahrheit ist, dass er einfach nicht kompetent ist. Was ich hinzugefügt habe und was mich ganz verrückt gemacht hat, war, »dass er kompetent sein sollte«. Tatsache ist, dass ich tun werde, was ich tun muss. Ich werde hinter ihm herräumen, bis er nicht mehr mein Problem ist. Ich werde es einfach tun. Wenn ich dieses »Er sollte kompetent sein« hinzufüge, steigere ich mich in ein emotionales Chaos und werde ganz verrückt. [Gelächter]

BK: Ist das klar genug? [noch mehr Gelächter]

Du sprichst das sehr gut für uns alle aus. Was die Leute nicht von mir hören können, können sie von dir hören. Es ist so gut, hier mit dir zu sitzen. Wer wärest du ohne diese verrückte Geschichte, die sich mit dem, was wirklich ist, anlegt?

Gary: Ich würde einfach im Fluss sein und bei der Arbeit machen, was ich machen muss.

BK: Wer oder wie wärest du, wenn du ohne diese Geschichte bei deiner Arbeit neben diesem Mann stehst?

Gary: Ich hätte Mitgefühl und wäre effektiv.

BK: Ja, Engel. »Joe sollte kompetent sein.« Kehre es um.

Gary: Joe sollte nicht kompetent sein.

BK: Du hast es verstanden. Und es gibt noch eine andere Umkehrung.

Gary: Ich sollte kompetent sein. Das ist wahr.

BK: Lass uns den nächsten Satz anschauen.

Gary: Ich möchte, dass Joe für seinen Teil des Projekts Verantwortung übernimmt.

BK: Kehre es um.

Gary: Ich möchte, dass ich für meinen Teil des Projekts Verantwortung übernehme.

BK: Ja, denn bevor du die Inkompetenz da nicht herausnimmst, übernimmst du keine Verantwortung für das Projekt.

Gary: Es geht auch um das Projekt, das mir in meinem Kopf herumgeht, richtig? Das begreife ich.

BK: Gute Arbeit. Okay, gehen wir weiter zur nächsten Aussage.

Gary: Er sollte sich als Fachmann in seinem Bereich und als Projektleiter hervortun.

BK: Ist das wahr? Ich meine, wo sollte der Mann denn die Fähigkeit hernehmen? »He, du, du Inkompetenter da, du solltest dich hervortun.« [Gelächter]

Gary: Nein. Es ist verrückt. Ich kann dir folgen. Er macht einfach, was er macht.

BK: Wie reagierst du, und wie behandelst du den Mann, wenn du an diesem Gedanken, diesem Phantasiegebilde festhältst?

Gary: Ich werde sehr hart und fordernd. Ich denke, dass er die Dinge schneller erledigen sollte, und bin ständig hinter ihm her.

BK: Nicht sehr effektiv. Kannst du einen Grund sehen, die Geschichte loszulassen?

Gary: Absolut. Das ist für mich erledigt. Ich kann dir folgen.

BK: Das ist nicht wahr. Du bist mir weit voraus. [Gelächter] Also, Lieber, drehen wir es um.

Gary: Ich nehme meine Aufgabe an, ein Experte auf meinem Gebiet zu sein. Ich nehme diese Aufgabe einfach an. Das ist es, was getan werden muss.

BK: Er ist der Experte, der dir das höchste Maß an Kompetenz in deinem Leben bringt. Da gibt es kein Vertun.

Gary: Ja, er ist mein Lehrer. Ich kann es fühlen.

Brauche ich etwas von Joe? Nicht mehr. Ich hatte geschrieben: »Ich brauche, dass er für seinen Teil des Projekts geradesteht.« Und, ich brauche das in Wirklichkeit nicht.

BK: Hoffnungslos?

Gary: Völlig hoffnungslos. Ich muss für seinen und meinen Teil des Projekts geradestehen, wenn ich will, dass es erledigt werden soll.

BK: Weiter.

Gary: Joe ist inkompetent.

BK: Kehre es um.

Gary: Ich bin inkompetent.

BK: In dem Augenblick, in dem du *ihn* für inkompetent hältst, bist *du* inkompetent. Er ist völlig kompetent in dem, was er dir bringt, nämlich Klarheit. Die hat er dir gebracht.

Gary: Ich kann diese Umkehrung nicht in mir fühlen. Ich halte mich für sehr kompetent.

BK: Schlichtweg da nicht, wo es um *ihn* geht. Du warst nicht kompetent genug zu sehen, dass er nicht kompetent sein sollte.

Gary: Da stimme ich dir zu. Das ist meine Inkompetenz. Ich kann dir folgen. Es geht nicht um die berufliche Tätigkeit, es geht um meine innere Arbeit.

Man muss ein Auge auf ihn haben, obwohl er eine leitende Position hat. Ich muss auf mich ein Auge haben. Das ist wahrer. Manchmal kann ich ganz außer Rand und Band geraten.

BK: Du hast die innere Welt gefunden. Wenn du siehst, dass es nur deine Gedanken sind, wird jedes Problem, das du außen in der Welt erlebst, zum freudigen Anlass für eine Untersuchung. Ich bin mit niemandem zusammengesessen, der wirklich die Wahrheit wissen möchte und ein Problem hatte – egal wie schwer wiegend es war –, ohne dass sich ein Weg gefunden hätte. *The Work* ist »Schach und matt«.

Gary: Ich wusste keinen Ausweg, als ich Anfang der Woche versuchte, das selbst zu machen. Ich konnte diesen Sprung, der mich von der äußeren Sache wegbringt, nicht vollziehen. Auf der äußeren Ebene hatte ich »Recht«. Sobald ich alles nach innen brachte, dann begannen all die Umkehrungen einen Sinn zu ergeben. Ich sehe dabei sehr klar, dass das Äußere nur ein Symbol ist.

BK: Der Mann kommt rein, und du stülpst ihm eine Geschichte über. Du hängst dich an deine Geschichte oder glaubst sie und lebst in der Vorstellung, dass *er* das Problem ist.

Alles ist möglich. Es könnte sein, dass du dir, weil du diese innere Arbeit gemacht hast und dir über dein Denken klarer geworden bist, diesen Mann vielleicht am Montagmorgen anschaust und eine Kompetenz an ihm entdeckst, die du übersehen hattest.

Ich habe neulich mit einem Mann gearbeitet, von dem die Welt sagt, er sei zurückgeblieben – null Kompetenz. Ich bin anderer Meinung. Der Mann war brillant. Brillant. Bis zu diesem Zeitpunkt gab es für ihn keine Gelegenheit, das zu wissen. Bei dieser Arbeit hat jeder die gleichen Chancen. Man braucht hier keinen hohen Intelligenzquotienten. Es geht nur darum, ob du sie wirklich wissen willst: deine Wahrheit – nicht die Wahrheit der Welt – einfach nur deine.

Gary: Ich möchte weder ihn noch jemanden wie ihn in meinem Team. Ich bin bereit, ihn oder jemanden wie ihn in meinem Team zu haben. Und, ich freue mich darauf, ihn oder jemanden wie ihn in meinem Team zu haben, denn es bringt mich in meinem Inneren dazu, The Work zu machen.
[Vergleiche die Umkehrung zu Nummer 6 auf dem Arbeitsblatt, S. 82]

BK: Du machst das mit der Nummer 6 sehr gut. Danke, Schatz. Willkommen zu *The Work.*

Gedanken zur Untersuchung

Byron Katies allererste Bemerkung »Lass uns zu dem vordringen, was dein schönes *Selbst*« ist« ist eine Einladung zur Dekonstruktion unserer begrifflichen Welt. Wir merken, dass Gary sofort eine fragende Haltung einnimmt, die nach Zohars Diagramm eine Folge der Untersuchung ist. Er möchte nichts behaupten, sondern etwas herausfinden.

Garys Problem der mangelnden Kooperation eines Mitarbeiters ist ein weit verbreitetes Problem in allen Organisationen. Katies Reaktion besteht weder darin, es als unbedeutend abzutun, noch darin, ihm größere Bedeutung beizumessen. Sie bittet die Teilnehmer des Workshops einfach zu schauen, ob sie sich von diesem Problem angesprochen fühlen. Sie fordert zum Teilen auf.

Bei der Untersuchung des Problems der Inkompetenz legt Katies Fragestellung – bei der neue Möglichkeiten erkundet werden – die Wahrnehmung frei, dass Garys Schwierigkeiten mit der Inkompetenz durch seinen Widerstand gegen die Wirklichkeit verursacht werden. Bei den meisten Personen führt die Wahrnehmung dieses Widerstands zu weiteren Schwierigkeiten; Schwierigkeiten, die bei Arbeitsverhältnissen, bei denen Kompetenz erforderlich ist, verständlich erscheinen. Aber diese scheinbaren Schwierigkeiten – dass zum Beispiel die Arbeit darunter leiden wird – sind einfach eine weitere Form von Widerstand, weil die Wahrnehmung darin besteht, dass das *Was-ist* sich zu verändern hat, damit die geplanten Arbeitsziele erreicht werden können. Das beharrliche Verlangen, das *Was-ist* zu verändern, bedeutet, dass wir uns niemals

Gelegenheit geben zu sehen, wie es zuerst zustande kam, mit anderen Worten: »das Ganze in seinem Zusammenhang zu sehen«, wie David Bohm betont. (12)

Auf diese Weise finden wir nie einen Weg zu *immanenter* Kompetenz. Das heißt, zu Kompetenz und kreativem Handeln als natürlicher Wirkung von Klarheit – an Stelle von mühsamem Handeln auf Grund von Widerständen. Wo es sich um Ersteres handelt, befinden wir uns auch auf dem Feld des Respekts (selbst für den inkompetenten Mitarbeiter, weil unsere Erfahrung dann die der Nicht-Trennung ist, bei welcher »der andere« ich ist) und nicht in einem Machtspiel.

Die Frage: »Ist es wahr?« ist der erste Schlüssel für dieses Verständnis, das auf *Zuhören* beruht und nicht auf dem Beweisen eines Punktes (vgl. Zohars Diagramm).

Im Verlauf der Untersuchung wird immer stärker betont, dass unsere eigene Inkompetenz auftaucht, wenn wir uns auf die Vorstellung fixieren, dass eine andere Person inkompetent ist. An dieser Stelle sollten wir uns davor hüten, vorschnelle Schlüsse zu ziehen – wie zum Beispiel, dass *The Work* inkompetente Mitarbeiter befürwortet. Ganz im Gegenteil, aber bei der Untersuchung geht es um die Frage, wie Inkompetenz entsteht. In Garys Situation könnte man sagen, dass das Einstellungsverfahren in seiner Firma an sich irgendwie inkompetent war, denn es ließ zu, dass inkompetente Angestellte eingestellt werden konnten. Eine Neugestaltung des Einstellungsverfahrens könnte eines der Nebenprodukte von klarem Handeln sein. Aber dafür gibt es trotzdem keine absolute Garantie, und eine Organisation könnte immer noch Angestellte anziehen, die auf einem Gebiet kompetent und auf anderen

Gebieten inkompetent sind (zum Beispiel kompetent bei ihrer Arbeit, aber inkompetent bei den zwischenmenschlichen Beziehungen, was dann zu einer schlechten Produktivität führen kann).

Wenn man Garys Frustration genauer betrachtet, zeigt es sich, dass Kompetenz, wirkliche Kompetenz, dann entsteht, wenn das Individuum, bei dem sich der Widerstand, das Problem, zeigt, durch den Prozess der Selbsterforschung einhundertprozentige Verantwortung für seine Gefühle übernimmt. Alles, was diese Bedingung nicht erfüllt, wird zu einem fruchtbaren Nährboden für neue Inkompetenz. Als Gary das erkennt, kommt es zur Selbstentdeckung. Wie Katie zeigt, werden wir auf diese Weise kompetent im Umgang mit Inkompetenz; denn im Gegensatz zu Widerstand gegen Inkompetenz ist Kooperation mit dem *Was-ist* kompetentes Handeln.

An diesem Punkt könnte der menschliche Geist jede Menge an möglichen Szenarien (Wenn und Aber) entwerfen. Aber das führt nur zu Spekulationen über zukünftiges Handeln; so befasst man sich nicht mit der Tatsächlichkeit des Jetzt – denn Handeln findet immer nur im Jetzt statt, sogar das eigene Denken über das, was wir tun. Wir sind darauf konditioniert, die Dinge in spekulativer Weise zu betrachten. Während das in bestimmten Lebensbereichen durchaus seine Berechtigung haben mag, sehen wir nicht, dass wir uns tatsächlich niemals mit der Wirklichkeit befassen, sondern mit der »Mythologie«, wie Katie zu sagen pflegt. Wenn der Geist jedoch auf seinen Einwänden beharrt, besteht der einfache Weg zurück zur Klarheit darin, diese mit Hilfe von *The Work* zu untersuchen. Man könnte sagen, Klarheit ist jener Zustand, der mit der Auflösung des fragmentierten Denkens mit Hilfe der Untersuchung entsteht.

In dieser Untersuchung stellen wir auch fest, dass Joes Inkompetenz potenziell die Quelle von Garys eigener, zunehmender ganzheitlicher Kompetenz ist, sobald er eingesehen hat, dass Widerstand keine Lösung ist. Wie Katie zugespitzt formuliert: »Er ist der Experte, der dir das höchste Maß an Kompetenz in deinem Leben bringt.«

Die Lehre aus dieser Untersuchung ist, dass die innere Welt alles ist, was wir haben; das, was wir für die äußere Welt halten, ist einfach eine Reflektion der inneren Welt. Der Versuch, die äußere Welt zu ändern, ist in Wirklichkeit eine Vermeidung der inneren Arbeit. Darin besteht Garys Erkenntnis.

Das obige Beispiel für eine Untersuchung weist also alle Merkmale auf, die Zohar auch für den Dialog anführt, mit dem Unterschied, dass *The Work* ein einfacheres Verfahren ist, das zu denselben Resultaten führt. Wie bei allen Formen von authentischer Untersuchung bewegt man sich von Tatsache zu Tatsache voran, während die verschiedenen Geschichten und Mythologien aufgedeckt werden. Die folgenden Worte von Jiddu Krishnamurti fassen in der Tat das zusammen, was zwischen Katie und Gary abgelaufen ist:

»Das ist es, was Durchbruch bedeutet … Deshalb haben wir gesagt, dass es Beobachtung des Äußeren und des Inneren, die das Denken schärft, geben muss. Und genau diese Schärfe macht das Denken ruhig. Es ist diese Sensibilität und Intelligenz, die das Denken dann aktiv werden lässt, wenn es nötig ist; für den Rest der Zeit ist das Gehirn nicht im Schlummerzustand, sondern wachsam und ruhig. Auf diese Weise erzeugt das Gehirn mit seinen Reaktionen keinen Konflikt. Es funktioniert ohne Kampf und deshalb ohne Verzerrung. Dann geschehen Tun und Handeln unmittelbar, so, wie wenn du auf eine Gefahr reagierst. Deshalb gibt es stets Freiheit von begrifflichen Akkumulationen.« (13)

Auf diese Weise bewegte sich Gary durch Dekonstruktion hin zur Neusynthese, zur Erkenntnis der – in David Bohms Worten – »anhaltenden Inkohärenz« (14) des Denkens.

Bohms »anhaltende Inkohärenz« des Denkens ist wirklich die Wurzel unserer Probleme – nicht nur bei der Arbeit, sondern in allen Lebensumständen, bei denen wir im Konflikt handeln. Warum? Weil es in der Natur des Denkens liegt, die Welt in einzelne Stücke aufzuteilen. Das war zwar von gewaltigem Nutzen, um die physikalische Welt zu beherrschen, denn zu dieser Aktivität gehört zum Beispiel auch das Messen. Aber im psychologischen Bereich erzeugt der Vorgang des Messens – das heißt die Geschichten, die wir über uns selbst und die Welt erzählen – ein falsches Selbst, ein getrenntes »Ich«. Diese künstliche Teilung, verstärkt durch die scheinbare Getrenntheit des physischen Körpers, erzeugt Furcht vor dem Verlust dieses »Ich«, und es ist nicht überraschend, dass es bei unserem daraus resultierenden Handeln hauptsächlich darum geht, unsere Welt durch offene oder verdeckte Gewalt zu kontrollieren.

The Work arbeitet mit den Geschichten, die dieses künstliche Selbst nähren, sodass sie sich in klares Gewahrsein auflösen, in dem die Intelligenz jenseits des Denkens wirken kann.

Dies ist *Radikales Erkennen*, weil es tief verwurzelte Widerstände gegen die Untersuchung unserer Geschichten gibt. Aber nur Selbsterforschung wird uns frei machen. Dies ist das Licht, das die Finsternis vertreibt.

Ein Dialog über *The Work* – Rassismus in Aktion (15)

Kriben Pillay (KP): Erinnern Sie sich, zu Beginn des Seminars habe ich gesagt, dass wir die Prinzipien von David Bohms dialogischer Methode in diese Untersuchung von *The Work* integrieren wollen. Wenn *The Work* in Ihnen irgendwelche Widerstände geweckt haben sollte, bedeutet das, dass nun der Zeitpunkt gekommen ist, um darüber in einen Dialog einzutreten. Es könnte auch eine Möglichkeit sein, die beiden Prozesse gleichzeitig zu erfahren.

***Fragestellerin** (F): Ich habe etwas vorzubringen, das mir das Gefühl gibt, dass es sich durch The Work nicht klären lässt – denn ich kann nicht erkennen, dass ich die Situation verursacht habe.*

KP: Ja, worum geht es?

F: Um einen rassistischen Zwischenfall, als mich ein weißer Kunde »Kafferin« (16) nannte.

KP: Ja, das ist ein gutes Beispiel, weil das in Südafrika immer noch so alltäglich ist. Lassen Sie uns schauen, was hier geschieht. Bei dem dialogischen Verfahren gilt die

Übereinkunft, die bei der Untersuchung auftauchenden Widerstände genauer zu betrachten.

Ihr Widerstand sagt Ihnen, dass *The Work* Sie nicht von dieser erlittenen Ungerechtigkeit befreien kann. Lassen Sie sehen, ob das wahr ist.

F: [empört] *Ja, weil ich keine Kafferin bin; ich bin eine schwarze afrikanische Frau!*

KP: Lassen Sie mich hier kurz abschweifen und darauf hinweisen, dass der Ausdruck »Kaffer« ursprünglich »Ungläubiger« bedeutet, jemand, der nicht dem islamischen Glauben angehört. In diesem Sinne sind alle von uns hier Kaffern.

F: Aber das Wort wurde nicht in diesem Sinne benutzt; es war als rassistische Beleidigung gemeint. Ich bin keine Kafferin!

KP: Ich verstehe das. Lassen Sie uns also *The Work* benutzen, um zu sehen, was es uns bringt, weil wir letzten Endes daran interessiert sind, unsere eigene Freiheit vom Leiden zu finden, sodass wir dann mit Klarheit, Kreativität und Effizienz handeln. Erinnern Sie sich daran, dass es dabei nicht um den Missetäter geht – damit will ich nicht sagen, dass eine Organisation keine disziplinarischen Maßnahmen für diese Art von Übergriffen haben sollte –, sondern darum, uns selbst zu befreien und dann vielleicht zu sehen, dass die in mir stattfindende Veränderung eine Veränderung in dem anderen bewirkt.

F: Aber warum sollte ich eine Untersuchung anstellen, wenn er mich doch beleidigt hat. Er sollte sich entschuldigen.

KP: Ich verstehe. Aber hat er das getan?

F: Nein. Ich habe ihn nie wieder gesehen, aber es tut immer noch weh, besonders wenn ich einen Kunden sehe, der ihm ähnlich sieht.

[Gelächter]

KP: Gut. Also, lassen Sie uns *The Work* machen. Wie würden Sie Ihre Aussage formulieren?

F: Der Kunde hätte mich nicht Kafferin nennen sollen.

KP: Ist das wahr?

F: Ja.

KP: Können Sie wirklich wissen, dass es wahr ist? Was ist die Wirklichkeit?

F: Die Wirklichkeit ist, dass er mich Kafferin nannte. Und ich kann das nicht akzeptieren.

KP: Darf ich darauf hinweisen, dass die Untersuchung manchmal vielleicht etwas rigoros erscheint, aber alles, was Sie zu tun haben, besteht einfach darin, dieser Untersuchung zu folgen, mit ihr zu »spielen« und zu sehen, ob sie zur Auflösung einer Geschichte führt, die Ihnen Kummer bereitet. Es handelt sich hier nicht um ein Glaubenssystem, sondern – wie bei Bohms »Dialog«– um eine Methode, die uns vor Augen führt, wie wir uns mit unserem

Geist, mit unserem Denken identifizieren, und wie so all die Geschichten, an die wir uns halten, zu unseren Identitäten werden, für die wir zu kämpfen bereit sind.

Aber durch diese Untersuchung können wir entdecken, dass – wie Byron Katie sagt – »aller Krieg aufs Papier gehört«, indem wir also unsere Konzepte und unsere Gedanken untersuchen. Und erinnern Sie sich, wir sprechen nicht über alle Gedanken, sondern nur über diejenigen, die uns Schmerz verursachen. Um zu unserer Untersuchung zurückzukehren, was geschieht, wenn Sie der Wirklichkeit, dem *Was-ist*, widerstreben.

F: Ich werde sehr wütend. Was gibt ihm das Recht, mich Kafferin zu nennen?

KP: Wie gehen Sie mit anderen Menschen, besonders mit Weißen, um, wenn Sie in jenem Zustand der Wut sind?

F: Nicht besonders gut. Aber es ist schließlich menschlich, in einer solchen Situation auf diese Weise zu reagieren.

KP: Können Sie einen Grund sehen, den Gedanken, dass er Sie nicht Kafferin hätte nennen sollen, fallen zu lassen? Aber bitte, versuchen Sie nicht, ihn fallen zu lassen.

F: Nein!

KP: Sogar wenn der Gedanke Ihnen Stress verursacht?

F: Ja. Denn wenn ich ihn fallen lasse, dann kommt er ungeschoren davon.

KP: Aber, wenn ich Sie recht verstehe, ist er schon davongekommen, und Sie sind noch mit Ihrem Schmerz zurückgeblieben. Hilft Ihnen der Schmerz in irgendeiner Weise, außer dass er bei Ihnen eine Gegenreaktion hervorruft und Sie auf alle anderen weißen Kunden, die zufällig wie Ihr Beleidiger aussehen, rassistisch reagieren lässt?

F: [Pause] *Ja. Ich verstehe, aber ich habe immer noch das Gefühl, dass es falsch wäre loszulassen. Ich habe das Gefühl, dass ich diese Art von Benehmen toleriere, wenn ich das tue.*

KP: Nun, das, was Sie gerade gesagt haben, zeigt andere Bereiche, die wir »Grundüberzeugungen« nennen, die später ebenfalls untersucht werden können. Diese Grundüberzeugungen sind sehr oft wie Säulen, die eine spezielle Geschichte stützen. Aber lassen Sie uns zurückkehren zu unserer Untersuchung. Bitte, machen Sie sich klar, dass ich Sie nicht zwingen will, die »richtigen« Antworten zu geben. Es gibt keine richtigen Antworten; es gibt Wahrnehmungen, die für Sie entweder wahr oder nicht wahr sind. Lassen Sie uns zu Frage Nummer 4 weiter gehen – wie oder wer wären Sie ohne jenen Gedanken?

F: Ich würde nicht regelmäßig wütend und böse werden. Ich würde meine weißen Kunden mit größerem Respekt behandeln, und ich würde besser arbeiten.

KP: Also, lassen Sie uns die Umkehrung machen.

F: Nein! Ich werde nicht sagen, dass er mich Kafferin hätte nennen sollen.

KP: Gut, niemand will Sie zu etwas zwingen, aber Sie könnten das vielleicht zur Kenntnis nehmen und sehen, was für Widerstände Sie haben, das einfach auszusprechen. Wenn Sie dabei Schmerz empfinden, dann sind Sie nicht frei. Lassen Sie uns die Umkehrung zu sich selbst machen und schauen, was dann auftaucht.

F: Ich sollte doch wohl nicht mich selbst Kafferin nennen?

KP: Doch, aber an Stelle von »Ich« setzen Sie »mein Denken«.

F: Mein Denken sollte mich nicht Kafferin nennen.

KP: Gut. Lassen Sie uns das betrachten. Wie oft hat der Kunde Sie Kafferin genannt?

F: Einmal.

KP: Und wie oft hat Ihr Denken Sie Kafferin genannt, indem es den Vorfall in Ihrem Geist wiederholte?

F: Hunderte von Malen. Oh, ja, ja, ich sehe. In dieser ganzen Zeit habe ich mich selbst beleidigt. [Pause] *Aber was ist mit dem Mann, der das Ganze ins Rollen gebracht hat?*

KP: Die einfachste Art, das zu betrachten, ist zu fragen, wessen Angelegenheit es ist, dass er Sie beleidigte. [siehe Seite 62: »Die drei Arten von Angelegenheiten«]

F: Es ist seine Sache, aber es betrifft mich, denn er kränkt mich!

KP: Aber wenn Sie keine Geschichte an das Wort hängen würden, würden Sie sich dann immer noch beleidigt fühlen?

F: Nein, ich wäre wie ein Kind, so unschuldig.

KP: Ja, Sie wären frei von jener Beleidigung, ganz gleich, ob sie absichtlich geschah oder nicht, und Sie würden aus Ihrer Klarheit heraus reagieren. Die Reaktion könnte durchaus ein juristisches Vorgehen sein, aber das ist eine rein hypothetische Aussage von mir. Bei *The Work* geht es um *tatsächliche* Entdeckung; es geht um Selbsterkenntnis, nicht um Vorschriften. Was mich selbst betrifft, so habe ich aufgehört, auf den Ausdruck »Kuli« (17) zu reagieren, aber das bedeutet nicht, dass ich in bestimmten Situationen die Aufmerksamkeit des so genannten Übeltäters nicht darauf lenken würde, dass ein derartiges Verhalten gesellschaftlich inakzeptabel ist. Aber meine Reaktion wäre in verschiedenen Situationen verschieden. Ich finde, dass ich meine Reaktionen nicht voraussagen kann, weil *The Work* Selbsterforschung ist, die uns in der Gegenwart zentriert und nicht in der Vergangenheit oder der Zukunft, außer zur Bewältigung praktischer Lebensaufgaben. Aber letztlich ist das Wort nur ein Klang: Wir hängen eine Geschichte daran und tun uns selbst weh. Und wenn Sie sich an unsere frühere Erörterung erinnern, werden Sie bemerken, dass unser Selbstgefühl, unsere Identität, durch unsere Geschichten erzeugt wird. Tatsächlich haben wir nicht nur eine einzige Identität, sondern viele Identitäten.

Eine andere Beobachtung ist, dass unsere im Geist begründeten Identitäten auf dem Nährboden des Getrenntseins gedeihen, indem wir zu jemand anderem in Opposition stehen. Daher ist es so schwierig, unsere traurigen Geschichten loszulassen. So gibt es zum Beispiel viele missbrauchte Frauen, die im Geist häufig zu dem Missbrauch zurückkehren, weil sie ihre Identität daraus ableiten. Das gibt ihnen das Gefühl, »ein Jemand« zu sein. Der menschliche Geist denkt, dass er ohne diese Geschichten ein Niemand wäre, und dies ist für den Geist erschreckender als der tatsächliche Missbrauch. Aber ist das wahr? Wir können *The Work* darauf anwenden. Also, indem wir uns von dem Schmerz der Beleidigung befreien, gelangen wir an einen Ort der Freiheit, wo wir jene Art von Verhalten weder innerlich noch äußerlich aufrechterhalten. Dies ist dann ein Wandel im Bewusstsein, wo der Teil das Ganze zu beeinflussen beginnt, weil es im Grunde keine Trennung gibt.

Wenn Sie Widerstände gegen das eben von mir Gesagte spüren, könnten wir diese mit Hilfe der Untersuchung betrachten. Ich danke Ihnen.

Anmerkungen zu Teil I

(1) Goleman, Daniel: Working with Emotional Intelligence, S. 249

(2) Goleman, a. a. O., S. 26–27
In Golemans »System emotionaler Kompetenz« gibt es zwei übergreifende Kompetenzen: persönliche und soziale Kompetenz. Persönliche Kompetenz hat zu tun mit »Selbst-Gewahrsein«, »Selbst-Regulierung« und »Motivation«, während es bei der sozialen Kompetenz um »Empathie« und »soziale Fertigkeiten« geht.

(3) siehe Bibliografie mit Titeln, die *The Work* ergänzen

(4) Zohar, Danah: Rewiring the Corporate Brain, S. V

(5) Zohar, Danah and Marshall, Ian: The Quantum Society, S. 235–236

(6) www.thework.com

(7a) Damasio, Antonio: The Feeling of What Happens

(7b) Gazzaniga, Michael: The Mind's Past

(8) Smith, Ingram: The Transparent Mind, 1999, S. 165

(9) Pillay, Kriben: The Nondual Teachings of Jiddu Krishnamurti. The Links with Educational Drama and Theatre. Nidân: Journal for the Study of Hinduism, Vol. 11, December 1999, S. 5

(10) Zohar, Danah: Rewiring the Corporate Brain, San Francisco 1997, S. 139

(11) Byron Katie: Jeder Krieg gehört aufs Papier, S. 37–46

(12) Bohm, David: On Creativity, S. 111

(13) Krishnamurti, Jiddu: Meeting Life, S. 75–76

(14) Bohm, David: Thought as a System, S. 11

(15) Dies ist die Rekonstruktion eines Dialogs, der in einem Seminar mit graduierten Studenten stattgefunden hat.

Um der Genauigkeit willen werden hier die Hauptlinien und die Essenz dieses Dialogs an Stelle des wörtlichen Textes präsentiert.

(16) *Kaffer* ist ein abfälliger Ausdruck für einen schwarzen Südafrikaner.

(17) *Kuli* ist ein abfälliger Ausdruck für einen Südafrikaner indischer Abstammung.

TEIL II

Auszüge aus

Jeder Krieg gehört aufs Papier

von Byron Katie

1. Grundsätzliches (1)

Wie alles begann

Eines Tages wurde es in einem Augenblick von Klarheit für mich zur Gewissheit, dass kein Gedanke wahr ist, dass jeder Gedanke die Realität auf den Kopf stellt und dass vor allem Denken Frieden herrscht. Das war die Geburtsstunde der Untersuchung, die Geburt der vier Fragen und der Umkehrung.

Es wurde für mich zur Realität, dass Denken – Fühlen – Handeln – Haben nicht getrennt voneinander zu sehen sind, obwohl dies die Erfahrung der meisten Menschen zu sein scheint. Daraufhin begriff ich, welch ein chaotischer Zustand es ist, »Mensch« zu sein. Unbehagen beginnt im Denken, und dies ist der Ort, wo man ihm begegnen kann, um es zu verstehen und heil zu machen. Jetzt ist es so, dass ich, sobald ich ein Gefühl bemerke, das mir Stress verursacht, *The Work* mache.

Wo auch immer du in der Abfolge von Denken – Fühlen – Handeln – Haben ansetzt, bei Gedanken, die nicht untersucht worden sind, bei Gefühlen, die unbehaglich sind, oder beim Handeln, das Leiden verursacht: Sie weisen zurück auf ihren Ursprungsort, nämlich auf unser Denken. *The Work* zeigt uns einen Weg, die Welt so zu erfahren, wie sie wirklich ist – jenseits unseres Denkens. Darin liegt Frieden. Darin liegt die Macht der Wahrheit.

Die drei Arten von Angelegenheiten

Ich konnte nur drei Arten von Angelegenheiten auf dieser Welt finden: meine, deine und Gottes (was auch immer du dabei unter Gott oder einer höheren Macht verstehen magst). Wenn ich mich gedanklich um deine oder Gottes Angelegenheiten kümmere, dann ist das Resultat für mich ein Gefühl des Abgetrennt-Seins und der Einsamkeit.

Wenn du dein Leben lebst und ich in Gedanken dein Leben lebe, wer kümmert sich dann um mich? Selbstverständlich bin ich dann einsam. Wenn ich mich gedanklich um die Angelegenheiten von anderen kümmere, dann hält mich das davon ab, für mich und meine eigenen Angelegenheiten da zu sein.

Die Annahme, dass ich wüsste, was für dich das Beste ist, ist reine Anmaßung meinerseits. Kann ich wirklich – aufs Ganze gesehen – mehr wissen über dein Leben und über das, was gut für dich ist, als Gott? Diese Anmaßung verursacht in mir Anspannung, Sorge und Angst.

Angst

Angst beschränkt sich auf zwei Dinge: Jemand könnte mir nehmen, was ich habe, oder jemand könnte mir das, was ich haben will, nicht geben.

»Was ist«, ist

Ich habe einfach aufgehört, gegen das, was ist, gegen die Wirklichkeit anzukämpfen. Woher kann ich wissen, dass der Wind wehen soll? Er weht! Woher weiß ich, dass dies in bester Ordnung ist? Es ist, was gerade stattfindet! Sich mit dem anzulegen, »was ist«, ist gleichzusetzen mit dem Versuch, einer Katze das Bellen beizubringen. Es ist hoffnungslos.

Ich weiß, dass die Wirklichkeit so, wie sie ist, vollkommen in Ordnung ist. Denn wenn ich mich mit ihr anlege, dann erlebe ich, wie ich mich anspanne und frustriert bin. Es fühlt sich weder natürlich noch ausgeglichen an. Wenn ich dies als Tatsache anerkenne, dann ist mein Handeln klar, freundlich, angstfrei, einfach, im Fluss und ohne Anstrengung.

Die Ordnung der Schöpfung: Denken – Fühlen – Handeln – Haben

Dich gestresst zu fühlen ist die Folge davon, dass du einer diesem Gefühl vorausgehenden Überzeugung verhaftet bist. Wir denken, wir erleben ein Gefühl, und anschließend agieren wir auf Grund dieses Gefühls. Bei dem Versuch, unsere Gefühle zu verändern, suchen wir außerhalb von uns selbst (z. B. in Beziehungen, Sex, Essen, Alkohol oder Drogen) nach zeitweiliger Erleichterung und danach, den Schein von Kontrolle aufrechtzuerhalten.

Wenn ich ein Gefühl habe, dann untersuche ich mein Denken, indem ich *The Work* mache, und bemerke, dass sich das Gefühl verändert – Ordnung tritt an die Stelle von Chaos. Chaos entsteht durch das Anhaften an ein Konzept, das nicht der Wahrheit entspricht, mir jedoch wahr erscheint, bis ich es der Untersuchung unterziehe. Ohne Untersuchung gebiert die zu Grunde liegende Lüge immer wieder neue Konzepte. Das wird zum hoffnungslosen Versuch, die Gültigkeit von etwas beweisen zu wollen, das niemals Frieden bringen kann.

Ich lade dich dazu ein, dich auf ein unangenehmes Gefühl zu freuen, Klarheit durch die Untersuchung zu finden und deinem eigenen Unbehagen mit Verständnis zu begegnen. Nimm dein Glück in deine Hände. Warum solltest du auf irgendetwas oder irgendjemanden warten, der dir von außen Zufriedenheit und Harmonie bringt?

2. Das Problem

»Urteile über deinen Nächsten – Schreibe es auf«

Es gibt nur eine einzige Kritik, die ich ständig, wo auch immer ich hinkomme, über *The Work* höre: dass es schlicht zu einfach sei. Es wird gesagt: »Freiheit kann nicht so einfach zu erreichen sein!« Meine Antwort ist: »Kannst du wirklich wissen, dass das wahr ist?«

Urteile über deinen Nächsten – Schreibe es auf – Stelle vier Fragen – Kehre die Urteile um! Mehr braucht es nicht. In deinem Innern ist alle Weisheit verborgen.

Der erste Schritt bei der Anwendung von *The Work* ist, unsere Urteile über andere niederzuschreiben. Über Jahre hinweg hat man uns gesagt, wir sollten nicht über andere urteilen – und seien wir ehrlich: Wir tun es dennoch ohne Unterlass! Für gewöhnlich denken wir aber auch, wir wüssten, was für den Lauf der Welt das Beste ist und wie andere ihr Leben gestalten sollten.

Die Wahrheit ist, dass wir – unabhängig davon, wie gütig unsere Worte oder Taten, oberflächlich gesehen, erscheinen mögen – eine Menge Urteile über alles Mögliche im Kopf haben. Oder viele von uns tragen eine große Last an Scham- und Schuldgefühlen mit sich herum und ebenso viel Groll. Einige unter uns gehen durchs Leben und verbergen dabei mehr oder weniger gut ihre Wut, während negative Gedanken in ihnen unaufhörlich aufsteigen. *The Work* gibt uns die Erlaubnis, diese schmerzlichen Urteile schriftlich auszusprechen, ja, sie in Schriftform hinauszuschreien. Wir können dann erleben, dass *The Work* es endlich möglich macht, sogar unseren niederträchtigsten Gedanken friedlich zu begegnen.

Themen zum Niederschreiben

Schreibe über jede Situation in deinem Leben, die dir Stress verursacht – sei es eine gegenwärtige, vergangene oder zukünftige Situation. Du kannst dir aussuchen, worüber du schreibst: über eine Person, die du nicht magst oder um die du dich sorgst, über eine Erfahrung mit jemandem, der dir Angst oder der dich traurig macht, über etwas, was dich verwirrt oder über etwas durch das du dich hin und her gerissen fühlst. Du kannst auch ganz allgemein über Männer, Frauen oder Respektspersonen schreiben. Beziehungsprobleme – auch mit Gott – bieten hervorragende Ansatzpunkte, um mit *The Work* zu beginnen.

Wenn du mit *The Work* vertrauter geworden bist und zum zweiten Teil dieses Handbuchs kommst, kannst du deine Urteile und Vorbehalte zu Themen wie Tod, Geld, Gesundheit, dein Körper, dein Suchtverhalten und sogar deine Kritik an dir selbst untersuchen. Es ist nämlich so, dass du, wenn du es einmal begriffen hast, absolut jede unangenehme Situation und jeden unangenehmen Gedanken, der in deinem Innern auftaucht, niederschreiben und untersuchen kannst. Wenn du wirklich verstanden hast, dass jeder Moment, der dir Stress verursacht, in

Wahrheit ein Geschenk ist, das dir den Weg zum inneren Frieden weist, dann wird dein Leben richtig aufregend und von einer unbegrenzten Fülle.
Nun beginne damit, über die Menschen, die du einmal kanntest, oder diejenigen, die heute in deinem Leben eine Rolle spielen, zu urteilen.

Wie schreibe ich das nieder?

Ich ermutige dich dazu, deine Urteile ungehemmt niederzuschreiben, harsch ins Gericht zu gehen, ja sogar kindisch und kleinlich zu sein. Sei beim Schreiben spontan wie ein Kind, das traurig, wütend oder verängstigt ist. Versuche nicht, weise, spirituell oder verständnisvoll zu sein. Jetzt ist der Moment gekommen, wo du völlig ehrlich und ungeschminkt sein darfst. Erlaube dir, deine Gefühle zum Ausdruck zu bringen, ohne die Konsequenzen zu fürchten oder eine Bestrafung erwarten zu müssen. Lass dein Ich auf dem folgenden Arbeitsblatt (S. 69) alles aussprechen, was es aussprechen muss.

Ganz gleich, ob du an einer Sache oder an einem bedeutenden Lebensthema arbeitest, der springende Punkt ist: Richte deine Schuldzuweisung nach außen und folge dabei dem folgenden Arbeitsblatt. Gib nicht der Versuchung nach weiterzumachen, bevor du nicht die Angelegenheit schriftlich festgehalten hast. Obwohl Denkvorgänge zweifelsohne ungeheuer schnell und ungeordnet ablaufen, können sie doch wie in einer Momentaufnahme durch das Niederschreiben auf Papier gebannt werden.

Auf dem Papier bleiben sie unverändert, und die weitere Untersuchung kann dann leicht durchgeführt werden.

Auf der nächsten Seite findest du ein Beispiel dafür, wie das *Arbeitsblatt* ausgefüllt wird. Es zeigt, wie du deine Urteile geordnet aufschreiben kannst.

ARBEITSBLATT – BEISPIEL

1 Wen oder was magst du nicht? Wer oder was ärgert dich? Wer oder was macht dich traurig oder enttäuscht dich?

Ich mag nicht (oder ich bin ärgerlich auf, verwirrt über, enttäuscht von, usw.) (Name) …

Thomas, weil er mir nicht zuhört. Er ignoriert mich.

Ich bin wütend auf Thomas, weil er mich nicht anerkennt.

Ich bin wütend auf Thomas, weil er mich um Mitternacht angerufen und mich geweckt hat.

Ich mag Thomas nicht, weil er mir immer widerspricht.

Thomas macht mich traurig, weil er so wütend ist.

2 Wie sollen er oder sie sich ändern? Was willst du von ihnen – was sollten er oder sie tun?

Ich will, dass (Name) …

Thomas mich bedingungslos liebt.

Ich will, dass Thomas mir seine ganze Aufmerksamkeit schenkt.

Ich will, dass Thomas glücklich und bei guter Gesundheit ist.

Ich will, dass Thomas mehr Sport treibt.

3 Was sollten er oder sie tun oder nicht tun, sein, denken oder fühlen? Welchen Rat hast du für sie?

(Name) sollte oder sollte nicht …

Thomas sollte nicht so viel Fernsehen schauen.

Thomas sollte mit dem Rauchen aufhören.

Thomas sollte mir sagen, dass er mich liebt.

Er sollte mich nicht ignorieren.

Er sollte mich nicht vor meinen Freunden bloßstellen.

4 Brauchst du etwas von ihnen? Was sollten er oder sie dir geben oder für dich tun, damit du glücklich bist?

(Name) sollte …

Thomas sollte mir zuhören.

Ich brauche es, dass Thomas seine Gefühle mitteilt und emotional erreichbar ist.

Ich brauche es, dass Thomas zu mir nett, freundlich und geduldig ist.

5 Was denkst du über ihn oder sie? Mache eine Liste.

(Name) ist (macht, glaubt, denkt, usw.) …

Thomas ist unfreundlich.

Thomas handelt leichtsinnig.

Thomas ist kindisch.

Er meint, er müsse die Regeln nicht befolgen.

Thomas nimmt keinen Anteil und ist unnahbar.

Thomas ist unverantwortlich.

6 Was willst du mit dieser Person oder dieser Sache nie wieder erleben, oder auch: Welche Situation willst du nie wieder erleben?

Ich will nie wieder erleben, … oder: Ich weigere mich, wieder zu erleben, … usw.

Ich weigere mich, weiterhin mit Thomas zu leben, wenn er sich nicht ändert.

Ich weigere mich zuzusehen, wie Thomas seine Gesundheit ruiniert.

Ich will nie wieder mit Thomas streiten.

Ich will nie wieder von Thomas ignoriert werden.

3. Die große Auflösung

»Stelle vier Fragen – Kehre deine Urteile um« (2)

Die große Auflösung gibt dir die Gelegenheit, all das, was du deiner Erfahrung nach an stressvollen Situationen durchlitten und worüber du auf dem *Arbeitsblatt* geschrieben hast, zu untersuchen und ihm mit Verständnis zu begegnen. Es genügt, dir einfach vier Fragen zu stellen und dann jeweils die ursprüngliche Aussage umzukehren.

Beispiel für eine Untersuchung (3)

Lass uns nun die erste Aussage, die du im »Arbeitsblatt – Beispiel« unter ❶ (S. 69) findest, der Untersuchung unterziehen: »Ich mag Thomas nicht, weil er mir nicht zuhört.«

Während du das Folgende liest, stelle dir eine Person oder Situation aus deinem Leben vor, auf die das zutrifft.

(1) Ist das wahr?
Frage dich selbst: »Ist es wahr, dass Thomas mir nicht zuhört?« Wie ist es in Wirklichkeit? Sei ganz still. Lass deinen Verstand die Frage stellen und warte auf eine ehrliche Antwort deines Herzens. Wenn du wirklich die Wahrheit wissen willst, wird von selbst die Antwort auftauchen, die deine Frage beantwortet. Das ist immer der Fall.

(2) Kann ich wirklich wissen, dass es wahr ist?

Gehe wieder in dich und denke gewissenhaft nach. Kann ich wirklich wissen, dass Thomas mir nicht zuhört? Kann ich es jemals wirklich wissen, wann mir jemand zuhört oder wann nicht? Höre ich nicht manchmal aufmerksam zu, obwohl es nicht so scheint?

(3) Wie reagiere ich, wenn ich diesen Gedanken habe?

Hier überlege ich gründlich, wie ich reagiere und wie ich Thomas behandle, wenn ich den Gedanke habe »Thomas hört mir nicht zu«. Mache eine Liste. Zum Beispiel: »Ich werfe ihm viel sagende Blicke zu. Ich unterbreche ihn. Ich fange an, schneller und lauter zu sprechen und versuche verzweifelt, ihn dazu zu bringen, dass er mich versteht und mir zuhört.« Setze diese Liste fort, während du nach innen gehst, und schau dir an, wie du dich selbst in dieser Situation behandelst und wie sich das für dich anfühlt. »Ich verschließe mich. Ich zieh mich zurück. Ich esse und schaue tagelang Fernsehen. Ich fühle mich niedergeschlagen und einsam.« Sei still und erlaube dir zu erfahren, wie du lebst, wenn du den Gedanken hast:»Thomas hört mir nicht zu.«

(4) Wer oder wie wäre ich ohne diesen Gedanken?

Nun schaue ich mir an, wer oder wie ich in Thomas' Gegenwart wäre, wenn ich nicht diesen Gedanken hätte: »Thomas hört mir nicht zu«. Schließe deine Augen und stelle dir Folgendes vor: Thomas hört nicht zu, und du hast nicht den Gedanken, dass Thomas nicht zuhört (oder auch, dass Thomas dir überhaupt zuhören sollte). Nimm dir Zeit. Beobachte, was sich dir eröffnet. Was siehst du? Wie fühlt sich das an?

(5) Kehre die Urteile um!
Die ursprünglich niedergeschriebene Aussage »Ich mag Thomas nicht, weil er mir nicht zuhört«, könnte umgekehrt werden zu: »Ich mag mich nicht, weil ich Thomas nicht zuhöre.« Ist das ebenso wahr oder noch wahrer für dich? Hörst du Thomas zu, während du darüber nachdenkst, dass er dir nicht zuhört? Suche nach weiteren Beispielen dafür, dass du jemandem nicht zuhörst (z.B. jemandem, mit dem du zusammenarbeitest, oder jemandem, der dir am Herzen liegt).

Eine weitere Möglichkeit, den Gedanken umzukehren, die ebenso wahr oder noch wahrer sein könnte, lautet: »Ich mag mich nicht, weil ich mir nicht zuhöre.« Wenn du dich in Gedanken nicht um deine eigenen Angelegenheiten kümmerst, sondern darüber nachdenkst, was Thomas tun sollte, hörst du dir dann selbst zu? Legst du dein Leben auf Eis, während du den Gedanken hegst, dass er oder sie dir zuhören sollte? Fallen dir andere Beispiele und Situationen aus deinem Leben ein, in denen du dir selbst nicht zugehört hast?

Diese Umkehrungen sind deine persönlichen Rezepte, um Gesundheit, Frieden und Glücklichsein zu erlangen. Hörst du selber zu? Nimmst du selbst die »Medizin«, die du anderen verschreibst?

Die Umkehrung von Nummer 6 (4)

Die Umkehrung für die Aussage, die unter Frage 6 niedergeschrieben ist, ist etwas anders. Wir ändern »*Ich möchte nie wieder …*« zu »*Ich bin bereit …*« und zu »*Ich freue mich darauf*

…« Zum Beispiel wird: *»Ich möchte nie wieder mit Thomas streiten«* zu *»Ich bin bereit, mit Thomas zu streiten«* und *»Ich freue mich darauf, wieder mit Thomas zu streiten«*.

Jedes Mal, wenn du denkst, du seist nicht gewillt, die Wut und den Stress nochmals zu erleben, sei bereit und freue dich darauf. Es könnte ja wieder passieren und wenn es nur in deiner Vorstellung so ist. Bei dieser Umkehrung geht es darum, das ganze Leben zu umarmen. Zu sagen, *»Ich bin bereit …«*, gibt dir diese Offenheit, Kreativität und Flexibilität. Jeder Widerstand, den du hast, wird aufgeweicht und gibt dir die Möglichkeit, innerlich leichter zu werden, anstatt Willenskraft oder Konfrontation zu gebrauchen, um diese Situation aus deinem Leben auszumerzen. Zu sagen, *»Ich freue mich darauf …«*, öffnet dich aktiv dem Leben gegenüber, so wie es sich entfaltet. Innere Freiheit wird zum Ausdruck von Liebe und Leichtigkeit in der Welt.

Zum Beispiel wird *»Ich möchte nie wieder mit Thomas zusammenleben, wenn er sich nicht ändert …«* zu *»Ich bin bereit, wieder mit Thomas zusammenzuleben, wenn er sich nicht ändert«* und zu *»Ich freue mich darauf, mit Thomas zusammenzuleben, wenn er sich nicht ändert«*. Du kannst dich genauso gut darauf freuen. Du könntest dich selbst in der Situation finden – vielleicht auch nur in Gedanken –, dass du mit ihm zusammenlebst. Ob du nun mit ihm zusammenlebst oder nicht, es ist menschlich, dass du wahrscheinlich wieder diesen Gedanken haben wirst und möglicherweise wieder die damit verbundenen Gefühle von Stress und Depression erlebst. Freue dich auf diese Gefühle, weil sie ein Denkanstoß sind, der dich daran erinnert, geradewegs zu *The Work* zurückzukehren. Es bedeutet nicht, dass du mit Thomas zusammenleben musst. Dass du dazu gewillt bist, reicht aus, um die Tür zu allen Möglichkeiten des Lebens zu öffnen.

Ein weiteres Beispiel für eine Untersuchung (5)

Lass uns als Nächstes die folgende Aussage, die im »Arbeitsblatt – Beispiel« unter ❷ steht (S. 69) untersuchen: »Ich will, dass Thomas mehr Sport treibt.«

In der jetzt folgenden Untersuchung wurde wieder die Stelle, wo der Name steht, freigelassen, anstatt Thomas einzusetzen. Trage an den freien Stellen jemanden aus deinem persönlichen Umfeld ein, von dem du denkst, dass er mehr Sport treiben müsste. Während du das Beispiel durchliest, halte inne, lass jede Frage wirklich auf dich einwirken und warte, bis *deine* Antwort in dir auftaucht.

(1) Ist es wahr?

Frage dich selbst: »Ist es wahr, dass ich will, dass ____________ mehr Sport treibt?« Wie ist es denn in Wirklichkeit? Treibt ____________ wirklich zu wenig Sport? Wessen Angelegenheit ist es, dass ____________ zu wenig Sport treibt? (vgl. dazu: »Die drei Arten von Angelegenheiten«, S. 62). Geh behutsam vor. Lass die Antworten, die in dir hochkommen, ihre Wirkung entfalten. Beobachte, wie schnell du wieder dazu neigst, dich im Kopf mit der Angelegenheit des anderen zu beschäftigen.

(2) Kann ich wirklich wissen, dass es wahr ist?
Überdenke auch dies sorgfältig. Kannst du wirklich wissen, dass es wahr ist, dass ___________ mehr Sport treiben sollte? Kannst du jemals wirklich wissen, was für einen anderen auf seinem Lebensweg auf lange Sicht das Beste ist? Kannst du mehr als Gott wissen? Anders ausgedrückt: Weißt du mehr als das, was in Wirklichkeit gerade ist?

(3) Wie reagiere ich, wenn ich diesen Gedanken habe?
Überlege dir, wie du reagierst und wie du ___________ behandelst, wenn du den Gedanken hast: »Ich will, dass ___________ mehr Sport treibt, aber ___________ macht das gerade nicht.« Mache eine Liste. Zum Beispiel: »Ich fange an herumzunörgeln. Ich ziehe mich zurück. Ich mache beleidigende Bemerkungen über ihr/sein Gewicht und ihre/seine Gesundheit.«

Setze diese Liste fort: Wie behandelst du dich selbst in dieser Situation? Wie fühlt sich das an? Zum Beispiel: »Innerlich spanne ich mich an. Ich sorge mich. Ich fühle mich deprimiert, einsam und habe keine Hoffnung.« Wenn du deine Liste fertig hast, dann werde still, spüre dem nach und erlebe es, wie es ist, mit dem Gedanken zu leben: »Ich will, dass ___________ mehr Sport treibt.«

(4) Wer oder wie wäre ich *ohne* diesen Gedanken?
Überlege dir, wie du ohne den Gedanken »Ich will, dass ___________ mehr Sport treibt« sein würdest, wenn du mit ihm/ihr zusammen bist. Schließe deine Augen und stelle dir ___________ vor. Und stelle dir vor, dass du einen Augenblick lang nicht den Gedanken hast, dass ___________

mehr Sport treiben sollte. Lass dir Zeit. Beobachte, was sich dir eröffnet. Was siehst du? Wie fühlt sich das an?

(5) Kehre die Urteile um.
Die ursprünglich niedergeschriebene Aussage »Ich will, dass ______________ mehr Sport treibt« wird zu: »Ich will, dass ich mehr Sport treibe«, wenn du sie umkehrst. Wenn du denkst, dass ______________ mehr Sport treiben sollte, dann solltest du mehr Sport treiben. Ist das für dich ebenso wahr oder noch wahrer? Treibst du so viel Sport, wie du es für dich bräuchtest? Machst du das so gut, wie du kannst? Und sorgst du dafür, dass du auch im Kopf fit und geübt bist? Wie oft entfernst du dich in Gedanken von dem, was deine Angelegenheit ist, und erlebst Getrenntsein, Verwirrung und Einsamkeit?

Deine eigene Untersuchung

Jetzt ist es an der Zeit, dass du selbst Gelegenheit hast, die Kraft, die der Untersuchung innewohnt, zu erfahren, indem du die vier Fragen und die Umkehrung auf deine Urteile anwendest. Nimm jeweils eine Aussage, die du auf deinem nun folgenden »Arbeitsblatt« (S. 80) niedergeschrieben hast, und untersuche jede einzelne Aussage, indem du dir die folgenden Fragen stellst:

- **Ist es wahr?**

- **Kann ich wirklich wissen, dass es wahr ist?**

- **Wie reagiere ich, wenn ich an diesem Gedanken hafte?**

- **Wer oder wie wäre ich ohne diesen Gedanken?**

und dann:

- **Kehre die Urteile um.**

The Work of Byron Katie – Arbeitsblatt (6)

---

1 Wen oder was magst du nicht?
Wer oder was ärgert dich?
Wer oder was macht dich traurig oder enttäuscht dich?

Ich mag (Name) ____________ *nicht …* (oder: *Ich bin ärgerlich auf …, verwirrt über …, enttäuscht von … etc.) (Name)* ____________, *weil*

____

____

____

____

2 Wie sollen sie sich ändern?
Was willst du von ihnen – was sollten sie tun?

Ich will, dass (Name) ____________

____

____

____

____

3 Was genau sollten sie tun oder nicht tun, sein, denken oder fühlen?

(Name) ____________________ *sollte* oder *sollte nicht*

____

____

____

____

____

____

____

4 Brauchst du etwas von ihnen? Was sollen sie dir geben oder für dich tun, damit du glücklich bist?

Ich brauche von (Name) ____________________, *dass*

____

____

____

____

____

____

____

5 Was denkst du über sie? Mache eine Liste.

(Name) ________________ *ist*

____

____

____

____

____

____

____

6 Was willst du mit dieser Person oder Sache nie wieder erleben oder auch: welche Situation willst du nicht wieder erleben?

Ich will nie wieder erleben, dass ________________
oder: *Ich weigere mich, wieder zu erleben, dass*
____

____

____

____

____

____

____

Quellennachweis zu Teil II

Alle Seitenangaben beziehen sich auf:

Byron Katie: Jeder Krieg gehört aufs Papier. Das Handbuch zu *The Work of Byron Katie*, Version 4

(1) S. 15–23
(2) S. 27
(3) S. 29–30
(4) S. 133–134
(5) S. 30–33
(6) S. 268–269

Bibliografie

Byron Katie: A Brief Anthology of Katie's Words, Manhattan Beach, CA

– All War Belongs on Paper. The Manual for The Work of Byron Katie, Manhattan Beach, CA, 2000

– *deutsch: Jeder Krieg gehört aufs Papier. Das Handbuch zu The Work of Byron Katie, Version 4, Manhattan Beach, CA, 2000*

– Losing the Moon: Byron Katie's Dialogues on Non-Duality, Truth and other Illusions, Manhattan Beach, CA, The Work Foundation 1998

– Loving what is. Four Questions That Can Change Your Life, New York 2002

– *deutsch: Lieben was ist, München 2002*

– The End of Suffering, Manhattan Beach, CA

– The Work of Byron Katie, Manhattan Beach, CA

– Workbook, Manhattan Beach, CA

Boerner, Moritz: Gemeinsam lieben: der einfache Weg zur erfüllten Beziehung mit der genialen Methode »The Work«, München 2001

– The Work: der einfache Weg zum befreiten Leben, München 1999

Weber, Christin Lore: Schrei in der Wüste – das Erwachen der Byron Katie, Bielefeld 1999

Bohm, David: On Creativity, London 1998
– On Dialogue, London 1996
– *deutsch: Der Dialog, Stuttgart 1998*
– Thought as a System, London, 1992
Chatterjee, Debashis: Leading Consciously. A Pilgrimage Toward Self-Mastery, Oxford 1998
Davidson, Let: Wisdom at Work. The Awakening of Consciousness in the Workplace, Burdett 1998
Damasio, Antonio: The Feeling of What Happens. Body and Emotion in the Making of Consciousness, San Diego 2000
Dreaver, Jim: The Way of Harmony. A Simple Approach to Spiritual, Emotional, Physical, and Material Prosperity, New York 1999
Gazzaniga, Michael: The Mind's Past, University of California Press 2000
Goleman, Daniel: Working with Emotional Intelligence, London 1998
– *deutsch: EQ_1hn2 – der Erfolgsquotient, München 2000*
Harding, Douglas E.: Head off Stress – Beyond the Bottom Line, London 1990
– On Having no Head, London 1976
Krishnamurti, Jiddu: Meeting Life, London 1991
– *deutsch: Dem Leben begegnen, München 2000*
Rabbin, Robert: Invisible Leadership. Igniting the Soul at Work. Lakewood, Colorado, 1998
Smith, Ingram: The Transparent Mind. A Journey with Krishnamurti, Ojai, CA, 1999
Tolle, Eckhart: The Power of Now. A Guide to Spiritual Enlightenment, Vancouver 1997
– *deutsch: Jetzt! Die Kraft der Gegenwart, Bielefeld 2000*

Wheatley, Margaret: Leadership and the New Science. Learning about Organization from an Orderly Universe, San Francisco 1992/94
– *deutsch: Quantensprung der Führungskunst:* Leadership and the New Science. *Die neuen Denkmodelle der Naturwissenschaften revolutionieren die Management-Praxis, Hamburg 1997*
Wilber, Ken: A Theory of Everything. An Integral Vision for Business, Politics, Science, and Spirituality, Boston 2000
– *deutsch: Eine kurze Geschichte des Kosmos, Frankfurt 1997*
Zohar, Danah and Marshall, Ian: The Quantum Society. Mind, Physics and a New Social Vision, London 1994
Zohar, Danah: Rewiring the Corporate Brain. Using the New Science to Rethink How We Structure and Lead Organizations, San Francisco 1997

Über Byron Katie

Byron Katie gehört zu jenen seltenen Individuen, die von einer Art Blitzschlag getroffen wurden. Dabei schien sie für eine solche Heimsuchung der Gnade kaum prädestiniert gewesen zu sein. Über zwei Jahrzehnte lang hatte sie als Sklavin von Geld und Macht gelebt. Sie hatte ein paar kleine Vermögen verdient und verloren; auf Grund ihrer Sucht hatte sie praktisch ihre beiden Kinder verloren und litt unter unkontrollierten Wutausbrüchen.

Im Alter von 43 Jahren landete sie 1984 in einem Reha-Zentrum für süchtige Frauen. Eines Morgens in der Frühe erwachte sie auf dem Dachboden, wo sie geschlafen hatte, als gerade eine Kakerlake über ihren Fuß kroch. In diesem Augenblick brach die ganze Struktur ihrer Wahrnehmung von Wirklichkeit, so wie sie das in ihrem Leben gekannt hatte, zusammen.

In den folgenden drei Jahren empfing Byron Katie nonstop Offenbarungen. Sie besaß kein gewöhnliches Gedächtnis an Leute, Orte oder Dinge vor ihrem Erwachen mehr. Sie glich einem neugierigen Kind, das wissen wollte, wie alles war, wie es sich anfühlte und wie es schmeckte. Sie staunte über jede neue Entdeckung.

Die Leute nannten sie besessen, Licht-Lady, erwacht, Mutter, sonderbar und gaben ihr noch viele andere Namen.

Doch sie selbst sagt gerne von sich: »Ich bin eine Frau aus Barstow. Ich wusste nichts von Spiritualität und religiösen Traditionen. Über Gurus, spirituelle Lehrer und dergleichen habe ich nur in komischen Heften gelesen.« Doch die spontanen und einfachen Wahrheiten aus ihrem Mund hätten aus einer der großen mystischen Lehren der Welt stammen können.

Während ihrer Übergangsphase empfand Byron Katie den Mangel an Frieden so tief, dass sie reagierte, sobald auch nur ein unangenehmer Gedanke auftauchte. Das war für sie wie eine tödliche Bedrohung. Sie begriff nur zu gut, dass sie jede »getrennte« Vorstellung oder Meinung auflösen musste, wenn sie den nächsten Fall in die Tiefen der Hölle überleben sollte. Sie entdeckte, dass wir alle, unabhängig davon, wie freundlich und liebevoll wir sind, Missverständnisse, Verwirrung und scheinbares Chaos erfahren, bis wir unsere Vorstellungen und Meinungen abgelegt oder als das, was sie wirklich sind, erkannt haben – als unerforschte Gedanken.

Sie schuf das, was als *The Work of Byron Katie* bekannt wurde, indem sie ihren eigenen mentalen Überlebensprozess während der dreijährigen Offenbarungsperiode offen legte. Ihr eigener innerer Prozess gab der entsprechenden Erfahrung, die als *The Work* bezeichnet wird, Form. Sie widmet sich nun der Aufgabe, denen, die fragen, diese Untersuchung – die vier Fragen und die Umkehrung – anzubieten und den Menschen die Möglichkeit zu geben, ihr eigenes Leiden durch eine radikale Veränderung ihrer Wahrnehmung zu beenden.

Byron Katie verbreitet eine Atmosphäre der Unmittelbarkeit, der äußersten Einfachheit und der Direktheit von

Bewegung, die die Luft frei von jeder Spur von Motiv lässt. Sie ist völlig präsent, äußerst mühelos und scheint buchstäblich vor Freude zu pulsieren. Sie ist der lebende Beweis, dass der Friede Gottes vollkommen erfahren werden kann, während man in dieser Welt lebt. Himmel und Erde sind nicht verschieden. Byron Katie erscheint und leuchtet als lebendes Vorbild – sich an jedem Augenblick erfreuend und alle und alles in voller Liebe umfassend. Sie strebt nicht danach, Lehrerin oder Mentorin für andere Menschen zu sein. Vielmehr bietet sie uns ihr Selbst, ihre Einsichten und ihre spielerische, humorvolle Freundschaft an. Sie ist eine Freundin.

Weitere Informationen über *The Work of Byron Katie* und eine Fülle von Material und Texten, auch in deutscher Sprache, finden Sie auf den Webseiten von Byron Katie:

www.thework.com
www.thework.org
www.bkinternational.com

Wenn Sie mehr Informationen oder genauere Anweisungen zu *The Work* wünschen, können Sie *The Center for The Work* anrufen:

001-(760)-256-5653
001-(760)-261-1828

Über Kriben Pillay

Dr. Kriben Pillay, ehemaliger Honorarprofessor der geisteswissenschaftlichen Fakultät an der Universität von Durban-Westville, hat als Schriftsteller zahlreiche Preise gewonnen und die *Noumenon Transformative Training Programmes* entwickelt. Er war früher Direktor der Masazane Open School in East London, einem Projekt des South African Institute of Race Relations, und Dozent für englische Sprache und Literatur an der University of Fort Hare. 1992 erreichte er die Endausscheidung des Literaturpreises *Bertrams African Literature Award*; 1995 war er in der engeren Auswahl für den CNA-Literaturpreis [CNA = große südafrikanische Buchhandelskette] für sein von der Kritik hoch gelobtes Schauspiel *Looking for Muraga*.

Er ist Herausgeber von *Noumenon*, einer Zeitschrift, die Fragen der Transformation kritisch erforscht. Seine Beiträge zur Transformation sind in einer Reihe internationaler Veröffentlichungen erschienen und zwei neuere Bücher enthalten Kapitel von ihm: die australische Publikation *Drama for Life – Stories of Adult Learning & Empowerment* und ein Buch über südafrikanische Spiritualität, das ursprünglich auf Afrikaans unter dem Titel *Land van Hoop* – Land der Hoffnung – erschienen war. Im August 1999 hat er in Holland an dem Masters Session Course mit

Byron Katie teilgenommen, bei dem es um die Anwendung von *The Work* im Businesstraining ging.

Weitere Informationen über die Arbeit von Kriben Pillay finden Sie unter folgender Adresse:

The Noumenon Centre for Transformative Training
P.O. Box 1280 Wandsbeck
3631 South Africa
Tel.: 0027-82-466 1745
Internet:. www.noumenon.co.za
E-Mail: noumenon@iafrica.com